blv garten plus

Christel Rupp

OBST

Baum-, Strauch- und Beerenobst
Auswählen • Pflanzen • Pflegen

blv

Inhalt

OBST

Beerenobst – einen ganzen Sommer lang genießen 47

Pflanzen, Schneiden und Pflegen 75

Bezugsquellen und Adressen 92

Für Genießer – Obst aus dem eigenen Garten

Mit ihren duftenden Blüten übertrumpfen die Obstgehölze im Frühling so manchen Zierstrauch. Im Herbst locken ihre reifen Früchte in den Garten und nach der Ernte versüßen sie uns den Abschied vom Sommer mit der bunten Farbenpracht ihrer Blätter. Selten lassen sich Schönheit und Nutzen so leicht verbinden!

Schritt für Schritt den Anbau planen

Ein Platz ist schnell gefunden

Platz für ein paar Obstbäume und Beerensträucher ist auch im kleinsten Garten. Erdbeeren lassen sich prima mit Gemüse und Kräutern kombinieren und für Kiwis genügt schon ein schmales Beet vor der Hauswand oder am Carport. Allerdings sind auch die bescheidensten Obstarten nur dann wirklich pflegeleicht, wenn der Standort stimmt. Boden und Klima haben einen entscheidenden Einfluss auf die gesunde Pflanzenentwicklung, die Menge und Qualität der geernteten Früchte, und sie bestimmen auch die Lebensdauer der Obstgehölze.

Standortfaktoren – verändern oder anpassen?

Gerade weil die meisten Obstarten viele Jahre bis Jahrzehnte an Ort und Stelle bleiben, sollte jeder Neuanpflanzung eine sorgfältige Planung vorausgehen. Die Lage des Gartens lässt sich nicht ändern, hier ist Anpassung gefragt: Frühsorten eignen sich z. B. nicht für spätfrostgefährdete Lagen. Also weicht man auf unempfindliche Sorten aus, deren Blüten die späten Frösten überstehen, ohne Schaden zu nehmen, und deren Früchte ausgereift sind, bevor im Herbst die ersten kalten Nächte drohen.

Im Frühling verwandeln die Apfelbäumchen den Garten in ein Blütenmeer. Zwischen zwei und drei Wochen kann man sich an der rosaweißen Pracht erfreuen.

◀ Im Herbst können Obstgärtner aus dem Vollen schöpfen. Jetzt kann man die sonnenverwöhnten, süßen Früchte gleich körbeweise ernten und genießen.

Robuste Birnensorten mit später Blüte gedeihen auch noch in höheren Lagen. Das Holz älterer Bäume ist ausreichend frosthart.

Größere Einflussmöglichkeiten bietet der Boden. Eine Gründüngung lockert schwere und verdichtete Erde, mit Kompost lässt sich der Humusgehalt von sandigen Böden aufbessern und zu saure Böden versorgt man im Herbst oder Frühjahr mit Algenkalk und Gesteinsmehl.

Ist die Durchschnittstemperatur während der Wachstumsperiode eher niedrig, verzögern sich Blüte und Abreife der Früchte. Für solche Standorte kommen alle spät reifenden Sorten also nicht mehr in Frage.

Wie ist das Klima?

Je nach geographischer Lage und Höhe über dem Meeresspiegel schwankt das Klima auch in Mitteleuropa beträchtlich. Selbst innerhalb eines eng begrenzten Anbaugebiets gibt es, bestimmt durch die Höhenlage und die Topographie des Geländes, oft ganz unterschiedliche Voraussetzungen. So ist ein Südhang in einer Mittelgebirgslage oft günstiger zu bewerten als eine Lage in einem geschützten, aber engen und deshalb im Frühjahr und Herbst oft schattigen Tal.

Wo wächst welche Obstart?

Doch was bedeuten nun die bei der Beschreibung der Anbaueignung oft verwendeten Begriffe wie »für warme Lagen« oder »auch für Hochlagen geeignet« wirklich?
Von warmem Obstbau- oder Weinbauklima spricht man bei einer durchschnittlichen Jahrestemperatur von etwa plus 10 Grad Celsius und einer Lage weniger als 250 Meter über dem Meeresspiegel. Dort wachsen nicht nur Äpfel und alle Beerenobstarten, sondern auch Birnen, Pfirsiche oder Quitten und, mit etwas Glück, sogar Aprikosen und Nektarinen.
Überall dort, wo auf den Feldern noch Wintergetreide wächst, also bis etwa 600 Meter Höhe und bei einer Durchschnittstemperatur von plus 6 bis 9 Grad Celsius, fühlen sich neben Äpfeln und Johannisbeeren auch Kirschen, Pflaumen und Zwetschen wohl. In dieser oft als »gemäßigt« bezeichneten Klimazone können außerdem Birnen und andere Wärme liebenden Arten angebaut werden – vorausgesetzt, man wählt entsprechend robuste Sorten aus. Brombeer- und Himbeeranbau lohnt sich über 500 Meter Höhe

nur noch an einem besonders geschützten Standort.
Liegt die durchschnittliche Jahrestemperatur unter 5 Grad Celsius, zum Beispiel in Hochlagen bis etwa 1000 Meter, ist die Auswahl schon deutlich eingeschränkt. Dort gedeihen noch einige lokale Süß- und Sauerkirschensorten und ein paar besonders anspruchslose Apfelzüchtungen. Statt Tafelbirnen halten sich dort nur noch die deutlich robusteren Wirtschaftsbirnen.

Dem Himmel so nah ...

Als Wirtschafts-, Most- und Tafelobst, aber auch als Hausbaum und Schattenspender für den Garten wurden bis vor 50 Jahren hauptsächlich Hochstämme gepflanzt, die ausgewachsen Höhen von 10 Metern und mehr erreichen. Das lag mit daran, dass die Wiesen leichter gemäht oder zusätzlich als Viehweide genutzt werden konnten. Ihr Holz ist auch in Höhenlagen ausreichend frostfest und die mächtigen Bäume überdauern auch in ungünstigen Lagen Generationen. In den immer kleiner werdenden Gärten hat so ein Riese keinen Platz mehr. Leider, muss man beinahe sagen, denn wo fühlt man sich so geborgen wie in einer Hängematte unter der riesigen Krone eines alten Kirschbaums? Und wer mit der Schaukel fast in den Himmel fliegen will, wird alles tun, damit der letzte vom Urgroßvater gepflanzte Veteran mit seinen dicken Ästen möglichst lange erhalten bleibt.

Naschobst hat Konjunktur

Doch auch kleine Bäume haben ihre unbestreitbaren Vorteile. Wer zuerst die Leiter aus dem Schuppen holen muss, um einen Apfel zu pflücken, verzichtet freiwillig auf manchen Genuss.
Trotz kleiner Wuchsformen ist die Ernte reichlich und die Pflege ist viel leichter als bei einem großen Baum. Allerdings gilt: Je weniger Standraum ein Baum zur Verfügung hat, desto höher sind die Ansprüche an den Boden beziehungsweise an die Zufuhr von Nährstoffen und Wasser.
In Bauerngärten oder größeren Stadtgärten bieten sich vor allem die **Halbstämme** an (Stammhöhe bis 150 cm). Sie bilden eine Krone genau wie ein großer Obstbaum, werden aber nur wenige Meter hoch. **Buschbäume** sind nur 2,50 bis 3 Meter hoch und schmaler im Wuchs.

Säulenapfelbäumchen oder Ballerinas eignen sich besonders für kleine Gärten und können auch im Topf auf der Terrasse gezogen werden. Schon im zweiten Standjahr gibt es die ersten Früchte.

Inzwischen sind fast alle Obstgehölzarten auch als noch schlankere **Spindelbüsche** erhältlich. Auch **Säulenbäumchen** sind auf dem Markt, ihr tatsächlicher Fruchtbehang stimmt aber nicht immer mit den Katalogfotos überein.

Obstgehölze züchten und vermehren

Zieht man einen Apfelbaum aus Samen, vergehen bis zur ersten Ernte viele Jahre. Bis dahin wäre völlig ungewiss, ob die gewünschten Eigenschaften auch zum Tragen kommen. Da Äpfel,

Auf der Obstwiese gleich hinter dem Haus ist Platz für mehrere Sorten. Zieht man die Bäume auf schwachwüchsigen Unterlagen, tragen sie früher und sind leicht zu pflegen.

wie auch viele andere Obstarten, Fremdbefruchter sind, besitzt ein Sämling immer das Erbgut von zwei verschiedenen Sorten. Es wäre also nicht mehr als ein glücklicher Zufall, wenn die neu heranwachsenden Äpfel in Form, Farbe und Geschmack tatsächlich der Muttersorte entsprechen würde. Meist kommen bei dieser Art der Vermehrung aber völlig andere Erbanlagen zum Vorschein.

Auf schwach wachsenden Unterlagen fruchten Edelsorten deutlich früher als auf starkwüchsigen Sämlingsunterlagen. Ein Hochstamm erreicht den Vollertrag je nach Obstart und -sorte oft erst nach 6 bis 10 Jahren. Ein Spindelbusch schafft dies schon in 2 bis 3 Jahren.

Die Kunst des Veredelns

Durch Veredeln, also das **Pfropfen oder Okulieren** der gewünschten Sorte in Form eines Edelreises auf eine Unterlage, lässt sich das Problem elegant umgehen. Grundlage stark wachsender Obstbäume bilden so genannte Sämlinge. Dabei handelt es sich um aus Samen gezogene Sorten, die sich trotz ihrer gemischten Erbanlagen relativ einheitlich entwickeln.

Typenunterlage für kleinwüchsige Bäume

Die Größe eines ausgewachsenen Baumes hängt in erster Linie von der Unterlage ab, also der Sorte, welche die Wurzeln bildet. Sollen die Bäume klein bleiben, eignen sich die wüchsigen Sämlinge nicht als Unterlage für die Edelsorte. Stattdessen verwendet man aus Ablegern oder Absenkern gezogene so genannte Typenunterlagen, die ein schwächeres Wurzelsystem bilden.
Die Unterlage beeinflusst aber nicht nur die Wuchskraft der Edelsorte, sondern auch ihre Widerstandsfähigkeit gegen Krankheiten und Schädlinge, die Lebensdauer, den Ertrag und den Geschmack.

Spalierkunst aus Frankreich

Die platzsparende Erziehung am Spalier stammt aus den französischen Schlossgärten und eroberte im 19. Jahrhundert ganz Europa. Voraussetzung für die fast als Kunst geltende Obst-

Ein Trick für kleine Gärten

Wo kein Platz für eine zweite oder gar dritte Sorte ist, kann man sich mit einem simplen Trick behelfen. Ein ganzer Baum ist nämlich gar nicht nötig, es genügen schon ein paar Blütenzweige einer geeigneten Bestäubersorte, die in einem Wasserbehälter in den eigenen Baum gehängt werden. Noch zuverlässiger klappt dies, wenn der Hauptsorte ein paar geeignete Edelreiser eines Bestäubers aufgepfropft werden. Die so genannten **Duo-Bäumchen** bestehen aus zwei Sorten die gleichberechtigt blühen und fruchten. Diese Gleichberechtigung ist wichtig, denn stärker und schwächer wachsende Sorten dürfen dabei nicht kombiniert werden.

Eine weitere Voraussetzung für die Befruchtung ist, dass beide Partner zur gleichen Zeit aufblühen und sich auch bei der Blühdauer nicht wesentlich unterscheiden. Sonst kann es leicht passieren, dass der Pollenspender erst aufblüht, wenn die zu befruchtende Sorte bereits verblüht ist und umgekehrt.

kultur sind ebenfalls relativ schwach wachsende Sorten, die den nötigen strengen Rückschnitt nicht übel nehmen. Durch ein Spalier lassen sich aber nicht nur kleine Gärten besonders effektiv nutzen – diese bei vielen als Liebhaberei geltende Erziehungsform ermöglicht auch in raueren Lagen die Kultur der anspruchsvollen Birnen und Tafeltrauben. Im milden Weinbauklima bietet das Spalier ideale Bedingungen für den Anbau von Nektarinen, Kiwis und Aprikosen. Noch ein Vorteil: Schattenseiten gibt es nicht, und deshalb sind alle Früchte gleich gut ausgefärbt.

Wer mit wem? Die Befruchtung der Obstgehölze

Voraussetzung, damit aus den hübschen Blüten auch tatsächlich Früchte entstehen, ist die erfolgreiche Befruchtung. Den Transport des männlichen Blütenstaubs (Pollen) von den Staubgefäßen auf die weibliche Narbe übernehmen Bienen, Hummeln und andere Insekten oder ganz einfach der Wind. Bei den Selbstbefruchtern können sich die Blüten innerhalb eines Baumes untereinander

Bienen gehören zu den wichtigsten Obstbaumbestäubern. Ohne ihre Mitarbeit fällt die Ernte geringer aus.

befruchten. Alle Fremdbefruchter benötigen eine andere Sorte derselben Obstart für die Fruchtbildung. Je mehr Sorten einer Obstart in der Nähe, also im Umkreis von höchstens 500 Metern, stehen, umso größer ist der Ertrag. Je nach Windrichtung sinkt mit steigender Entfernung auch die Wahrscheinlichkeit, dass der Pollen in der entscheidenden Zeit während der kurzen Blühphase von einem Baum auf den anderen gelangt.

auf einen blick

- Wie groß Obstbäume werden, hängt sehr stark von der gewählten Unterlage ab. Sie beeinflusst auch den Ertragsbeginn.
- Die meisten Obstarten benötigen zur Befruchtung einen fremden Pollenspender. Am besten pflanzt man verschiedene Sorten.

Leckeres Baumobst für den Garten

Der Spaß beim Anbau von Äpfeln und Kirschen fängt bei der Auswahl der richtigen Sorten an. Auch für die anderen Kern- und Steinobstarten gilt: Wichtigstes Kriterium ist der eigene Geschmack. Berücksichtigt man dabei noch die Standortansprüche und bevorzugt besonders robuste Sorten, ist eine reiche Ernte garantiert.

Äpfel gehören zu den beliebtesten Obstarten überhaupt. 'Reglindis' ist eine neuere, sehr widerstandsfähige Sorte.

Äpfel

Wildäpfel aus dem gebirgigen Kaukasus

Der Apfel begleitet die Kulturgeschichte der Menschheit seit tausenden von Jahren. Dennoch waren Herkunft und Abstammung bis vor kurzem nicht zweifelsfrei geklärt. Allerlei Wildformen, vor allem *Malus pumila*, der Zwergapfel, und *Malus sylvestris*, der Holzapfel, beide extrem hart und sauer, galten als biologische »Stammväter«. Erst Ende der 90er Jahre entdeckten britische Wissenschaftler bei einer Expedition in Mittelasien wild wachsende Apfelbäume, deren Früchte denen der Kultursorten verblüffend ähnlich sind. Eine Genanalyse lieferte den überraschenden Beweis, dass alle modernen Apfelsorten von *Malus sieversii,* dem Altai-Apfel, abstammen.

◀ Äpfelbäume auf Hochstämmen sind für heutige Gärten oft zu groß. Ihr Platz sind die erhaltenswerten Streuobstwiesen.

Kulturäpfel aus Griechenland

Äpfel waren bereits in der Jungsteinzeit, 4000 Jahre vor dem Römischen Reich, auch nördlich der Alpen bekannt. Und nicht nur das: Die Größe der gefundenen Samen lässt darauf schließen, dass Bäume mit besonders großen und wohlschmeckenden Früchten bereits gezielt ausgewählt und in der Nähe der Siedlungen gepflanzt wurden.
Die Römer importierten einige Apfelsorten und kultivierten sie und auch einige andere Obstarten in der Nähe ihrer Villen. Im 18. und 19. Jahrhundert erlebte die Apfelkultur einen Höhepunkt und es entstanden unzählige neue Sorten. Beinahe jeder Landstrich hatte seine eigenen, speziell auf die dortigen Standortbedingungen abgestimmten Züchtungen. Alleine in Europa kennt man heute noch etwa 2000 verschiedene Apfelsorten.

Eine Arche Noah für alte Apfelsorten

Wer selbst Äpfel im Garten anbaut, hat die Qual der Wahl, denn gerade für den Hausgarten stehen unzählige wirklich gute Sorten zur Verfügung und die Vielfalt ist deutlich größer, als das immer gleich bleibende, auf wenige Sorten beschränke Angebot in den Supermärkten vermuten lässt.
Schorfresistente Neuzüchtungen empfehlen sich überall dort, wo der Pflegeaufwand auf ein Minimum reduziert werden soll. Aber auch unter den alten Sorten finden sich sehr viele, die

dank ihrer hohen allgemeinen Widerstandsfähigkeit einen Platz im Hausgarten verdienen. Gerade für schwierige Lagen sind sie von unschätzbarem Wert.

Ansprüche an den Standort

Äpfel verlangen eine möglichst offene, sonnige Lage. Dort trocknen die Blätter nach Regenfällen schnell ab und die Früchte können im Herbst voll ausreifen. Gemäßigte Jahrestemperaturen mit ausreichender Winterkälte sind Voraussetzung für die nötige Wachstumsruhe der Bäume.

Hoher Wasserbedarf

Äpfel brauchen grundsätzlich eine höhere Luftfeuchtigkeit als andere Obstarten und auch der Wasserbedarf ist höher als der von Birnen, Kirschen oder Pflaumen. Besonders gut wachsen Äpfel in Regionen, in denen es im Sommer häufig regnet. Bei Niederschlägen unter 600 mm pro Jahr sollten die Bäume während der Hauptwachstumszeit bewässert werden. In sehr heißen Sommern werfen die frühen Sorten sonst viele Früchte ab und bei den robusteren Winteräpfeln leiden der Geschmack und die Lagerfähigkeit.

Eine sonnige, offene Lage ist wichtig für den Apfelanbau. Dort erhalten die Kronen genügend LIcht und die Blätter trocknen nach Regenfällen schnell ab.

Befruchtung

Äpfel sind selbstunfruchtbar. Man muss also mindestens zwei Bäume pflanzen, es sei denn, es wachsen in der Nachbarschaft Apfelsorten, die als Pollenspender in Frage kommen.
Wer sich auf die nachbarschaftlichen Beziehungen nicht verlassen möchte und mehrere Bäume pflanzen kann, sollte die gegenseitige Befruchtungsqualität genauer unter die Lupe nehmen. Am einfachsten ist es, mindestens eine Sorte auszuwählen, die als Befruchter für viele andere Sorten in Frage kommt. Dazu gehören 'Alkmene', 'Cox Orangenrenette', 'Goldparmäne', 'James Grieve', 'Pinova', 'Topaz' und 'Gala'. Nicht als Befruchter anderer Apfelsorten geeignet sind 'Boskoop', 'Holsteiner Cox', 'Jacob Fischer', der köstliche 'Gravensteiner', 'Jonagold', 'Winterrambur' und 'Zabergäu Renette'.

Unterlagen

Sämlingsunterlagen sind im Apfelanbau fast verschwunden und werden nur noch bei der Kultur der alten Streuobstwiesen verwendet. Bewährt haben sich schwächer wachsende Typenunterlagen, die bekannteste und am meisten verwendete ist M 9. Der Ertrag setzt schon sehr früh ein, dafür sind die Ansprüche an Boden und Pflege entsprechend hoch.

Die wichtigsten Unterlagen für Tafeläpfel

Für Spindelbüsche (Pflanzabstand 2 x 3 Meter):

- M 9 – schwach wachsend. Günstiger Einfluss auf Fruchtgröße und Fruchtausfärbung.
- M 26 – sehr schwach wachsend. Besonders geeignet für Frühsorten und reichtragende Herbstsorten.

Beide Unterlagen eignen sich nur für sehr gute Böden, benötigen zeitlebens einen Pfahl und sind relativ anfällig für Wühlmausfraß und Blutlausbefall.

Für Buschbäume:

- MM 106 – mitterstarker Wuchs. Positiver Einfluss auf den Geschmack (ausgewogenes Zucker-Säure-Verhältnis) der Früchte, tolerant gegen Trockenheit, standfest, resistent gegen Blutläuse.

Für Halb- und Hochstämme:

- 'Bittenfelder Sämling' – sehr stark wachsend, spät einsetzender Ertrag.
- A 2 – etwas schwächer im Wuchs als Sämlinge, Ertrag setzt etwas früher ein, sehr frosthart.

Die besten Sorten für den Garten

Alle in Frage kommenden Sorten zu beschreiben würde den Rahmen des Buches einfach sprengen. Hier eine Auswahl an schwach bis mittelstark wachsenden Sorten für den Hobby- und Biogarten, die auch bei einer reduzierten Pflanzenpflege reichlich gesunde Früchte tragen. Alle Sorten eignen sich für normale Gartenböden.

'Alkmene'

Herbstapfel von 1930, entstanden aus einer Kreuzung zwischen 'Geheimrat Oldenburg' und 'Cox Orange'. Attraktive gelb-rot geflammte, mittelgroße Früchte. Fruchtfleisch saftig, knackig und sehr aromatisch, süß und zart säuerlich. Ein hochwertiger Tafelapfel!

'Piros'

Der großfrüchtige Piros gehört zu den Frühsorten. Die orangeroten Äpfel schmecken angenehm süß-säuerlich und haben ein ausgeprägt fruchtiges Aroma. 'Piros' gehört zu den neueren Sorten mit hoher Widerstandsfähigkeit gegen Schorf und Mehltau.

Die aromatischen Herbstapfelsorten 'Alkmene' (oben) und 'Prinz Albrecht von Preußen' (unten), eine alte Sorte von 1865, eignen sich für viele Standorte.

'Prinz Albrecht von Preußen'

Eine alte, sehr widerstandsfähige Sorte, nicht nur im Hinblick auf Krankheiten und Schädlinge. Weil das Holz und die Blüten sehr frostfest sind, eignet sich 'Prinz Albrecht' auch für raue Lagen. Der »Albrechtapfel« schmeckt auch noch im Januar und kann problemlos

'Topaz' (oben) ist besonders für den Bioanbau zu empfehlen. 'Zuccalmaglios Renette' kann lange gelagert werden.

Mit der intensiv-roten Schale und dem süßen Fleisch ist die Sorte 'Retina' ein Genuss für Augen und Gaumen.

gelagert werden. Die Früchte sind sehr ebenmäßig geformt, die Schale ist glatt und färbt sich in der Baumreife leuchtendrot. Das Fruchtfleisch ist saftig und mildsäuerlich.

'Retina'

Süße, saftige und aromatische Früchte, ein lockerer Kronenaufbau und ein früh einsetzender Ertrag – eine ausgezeichnete Sorte zum Sofortessen und für das erste Apfelkompott im Jahr. Dazu kommen eine hohe Widerstandsfähigkeit gegen Schorf und die geringe Feuerbrand- und Mehltaugefährdung. Bester Erntezeitpunkt: Anfang September, knapp vor der Vollreife. Die Bäume wachsen mittelstark und sind als Halbstamm oder Busch erhältlich.

'Rubinola'

Bei der Bewertung der neueren schorf- und mehltauresistenten Züchtungen liegt 'Rubinola' zusammen mit 'Topaz' in vielen Geschmackstests an der Spitze. 'Rubinola' wächst aber stärker und trägt dafür etwas weniger Früchte. Dafür setzt der Ertrag schon früh ein und bleibt über die Jahre gleichmäßig (geringe Alternanzneigung).

'Topaz'

Starapfel im professionellen Bioanbau, mit gelber Schale und appetitlichen orangeroten Streifen. Das würzig-aromatische Fruchtfleisch ist fest, hat ein ausgewogenes Zucker-Säure-Verhältnis und einen hohen Vitamin-C-Gehalt.

'Zuccalmaglios Renette'

Ebenfalls eine sehr alte Sorte, die sich besonders für wärmere Standorte empfiehlt und ein wenig Liebhaberei voraussetzt. Die Früchte schmecken sehr aromatisch, sind saftig, mit unaufdringlicher, aber erfrischender Säure. Und weil auch die Schale sehr fein duftet, kann man dem Griff in den Obstkorb nicht widerstehen. Der attraktive, rötlich gelb gefärbte 'Zuccalmaglio' darf erst im Oktober gepflückt werden. Je später die Ernte, desto besser schmecken die Früchte. Einziger Wermutstropfen: Der Ertrag schwankt von Jahr zu Jahr.

Äpfel ernten – der Zeitpunkt muss stimmen

Baumreif oder genussreif?
Nicht jeder Apfel schmeckt direkt vom Baum. Die **Frühsorten (Sommeräpfel)** eignen sich am besten für den Sofortverzehr. Schon 14 Tage nach der Ernte verlieren sie an Aroma und das süß-saftige Fruchtfleisch wird mehlig. Am besten lässt man nur die Früchte voll ausreifen, die gleich verzehrt werden sollen.
Herbstsorten sollten nach der Ernte etwas nachreifen und können dann noch etwa vier bis sechs Wochen möglichst kühl aufbewahrt werden.
Winteräpfel können bis zum Frühjahr ohne Qualitätsverlust gelagert werden. Bei ihrer Pflück- oder Baumreife sind sie noch ziemlich hart und es ist nicht ganz leicht, ihre Reife zu beurteilen. Ihren sortentypischen Geschmack und ein harmonisches Zucker-Säure-Verhältnis entfalten sie erst vier bis sechs Wochen nach der Ernte. Die Genussreife setzt ein, sobald die Äpfel zu duften beginnen. Voreilig, also noch unreif geerntete Winteräpfel bleiben hart, die Säure im Fruchtfleisch überwiegt und das sortentypische Aroma kann sich nicht mehr entwickeln.

Reif zum Pflücken?

- Der Stiel eines reifen Apfels lässt sich durch eine leichte Drehung vom Ast ablösen.
- Die Kelchgrube um den Blütenansatz ist tief und von gut ausgeprägten Wölbungen umgeben (Höcker).
- Die Schale ist sortentypisch ausgefärbt.
- Das Fruchtfleisch ist je nach Sorte reinweiß oder gelblichweiß, bei rotschaligen Sorten dicht unter der Schale auch leicht rosa gefärbt.

Braune Kerne im Apfel sind dagegen kein sicheres Merkmal. Vollreife Frühsorten können durchaus noch weiße Kerne haben. Bei den Spätsorten färben sie sich dagegen oft schon lange vor der Reife hell- oder dunkelbraun.

Äpfel einlagern und konservieren

Äpfel pflückt man grundsätzlich mit Stiel. Reißt man ihn ab, entstehen kleine Verletzungen in der Kelchgrube, durch die Fäulnispilze ins Fruchtinnere eindringen können.
Am besten erntet man frühmorgens, wenn die Früchte noch kühl sind. Gerade Lageräpfel sollten mit größter Sorgfalt geerntet werden. Nur gesunde, unverletzte und voll ausgefärbte Früchte ohne Druckstellen eig-

Mit dem praktischen Apfelpflücker oder »Apfeldieb« kann man bequem und gefahrlos vom Boden aus ernten.

Keine Panik, wenn im Herbst die ersten kühlen Nächte drohen und die Äpfel noch nicht abgeerntet wurden. Deutliche Temperaturunterschiede zwischen Tag und Nacht wirken sich positiv auf die Ausfärbung der Früchte aus. Die robusten Lagersorten überstehen sogar leichte Nachtfröste bis minus 3 Grad. Wichtig: Gefrorene Äpfel nicht berühren!

Widerstandsfähige Tafelapfel-Sorten für Garten und Hobbyobstanbau *)

Sorte	**Standorteignung**	**Frucht (Ausfärbung, Geschmack, Verwendung)**	**Befruchtung (Eignung als Pollenspender/bewährte Befruchtersorten)**
'Alkmene' (1930, aus 'Geheimrat Dr. Oldenburg' und 'Cox Orangenrenette')	breit anbauanfähig, bis 400 m, für nährstoffreiche Böden, auch noch für trockenere Standorte	klein bis mittelgroß, gelbrot gesprenkelt und gestreift, Fruchtfleisch fest, knackig, süßfruchtig, aromatisch, mit feiner Säure (ähnlich wie 'Cox Orange', aber unproblematischer im Anbau), sehr guter Tafelapfel	guter Pollenspender für andere früh blühende Sorten/ 'James Grieve', 'Piros' u. a.
'Ananasrenette' Herkunft unsicher, bekannt seit 1820	für wärmere Lagen, bis mittlere Höhenlage, verlangt gute, ausreichend feuchte Böden	klein bis mittelgroß, zitronengelb, zahlreiche Rostpunkte, festfleischig, säuerlich, aromatisch-würzig, wenig Zucker, Tafelapfel, auch für Kompott und Saft	guter Pollenspender (mittelfrühe Blüte)/fast alle diploiden Sorten und Wildäpfel
'Berlepsch' (= 'Freiherr von Berlepsch')	nährstoffreiche, wärmere, genügend feuchte Böden und geschütztere Lagen	klein bis mittelgroß, Schale rötlich gelb mit orangeroter Deckfarbe, Fruchtfleisch feinzellig, vollsaftig, hoch aromatisch, weinwürzig, Spitzentafelapfel	guter Pollenspender (mittelspäte bis späte Blüte)/ 'Gravensteiner', 'James Grieve' u. a.
'Gravensteiner'	hohe Ansprüche an den Boden, leicht frostempfindliche Blüten, für warme Lagen	groß, mit gelber Deckfarbe und orangeroten Streifen, sehr saftiges Fruchtfleisch mit edlem, ausgeprägtem Aroma, stark duftend, feiner Tafelapfel	triploide Sorte, nicht als Pollenspender geeignet/ 'Topaz' u. a.
'James Grieve'	breit anbaufähig, bis über mittlere Höhenlagen hinaus, für nährstoffreiche, feuchte Böden, wenig spätfrostempfindlich (späte Blüte)	Schale gelblich grün mit orangeroten Streifen, mittelgroß bis groß, würzig mit edlem Aroma, feinsäuerlich, saftig, ausgezeichneter Tafel- und Wirtschaftsapfel (Apfelmus)	sehr guter Pollenspender (mittelfrühe bis mittelspäte Blüte) / 'Alkmene', 'Berlepsch', 'Glockenapfel', 'Pinova', 'Topaz' u. a.
'Piros'	auf guten Gartenböden bis in mittlere Höhenlagen anbaubar, gute Winterfrosthärte, etwas anfällig für Blütenfrost	mittelgroß, Schale mit grüngelber Grundfarbe, leuchtend rot geflammt, mild säuerlich, fein-aromatischer Tafelapfel	guter Pollenspender (mittelfrühe Blüte)/ 'James Grieve', 'Topaz' u. a.
'Rebella'	sehr robust, sehr frosthartes Holz, kaum blütenfrostempfindlich	leuchtend rote Schale, feines, süßsäuerliches Aroma, saftiges Fruchtfleisch, etwas druckempfindlich; für Frischverzehr und zum Kuchenbacken	guter Pollenspender (mittelfrühe Blüte)/ 'James Grieve', 'Topaz' u. a.
'Rubinola'	anspruchslos, auch noch für klimatisch ungünstige Lagen	süß, leichte Säure, aromatisch, festfleischig; für Frischverzehr, nicht zum Backen geeignet	guter Pollenspender (mittelfrühe Blüte)/ 'Topaz' u. a.
'Topaz'	für leichte bis schwere Böden, blütenfrostempfindlich, deshalb nicht für spätfrostgefährdete Gebiete, sonst auch noch für mittlere Höhenlagen	mittelgroß, gelborange Deckfarbe, orange gestreift, Fruchtfleisch gelb, fest, feinzellig, saftig und süß-säuerlicher, aromatisch, ausgezeichneter Tafelapfel	guter Pollenspender (mittelspäte Blüte)/'Rubinette', 'Regine', 'Retina', 'Rewena', 'James Grieve' und andere mittelspät blühende Sorten
'Zuccalmaglios'	breit anbaufähig, von der Küste bis in mittlere Höhenlagen, für mittlere bis leichte Böden (bei guter Wasserversorgung), wenig frostempfindlich	mittelgroße bis kleine Früchte, fein duftende Schale, gelbgrün, bis gelb mit rötlich gelber Deckfarbe, Fruchtfleisch saftig, süß, mild säuerlich und edelaromatisch, vielseitig verwendbar	guter Pollenspender (lange Blütezeit)/'James Grieve', 'Pinova', 'Topaz' u. a.

*)Regional bedeutsame Sorten, Sorten nur für den Streuobstanbau (Hochstammsorten) sowie Sortenneuheiten, über die nur wenig praktische

Widerstandsfähige Tafelapfel-Sorten für Garten und Hobbyobstanbau *)

Baumreife/ Genussreife	Lagerfähigkeit	Bemerkungen
Anfang September/ ab Ernte	bis Mitte November, (nicht unter +3 °C)	mittelstarker Wuchs; empfohlene Unterlagen: M 9 und M 26; widerstandsfähig gegen Schorf und Mehltau, auch für Obsthecken, während der Blüte frostempfindlich, Ertrag früh und regelmäßig
Ende Oktober/ ab Ende November	bis Februar	schwacher Wuchs, gut geeignet für schmale Baumformen und Spaliere; empfohlene Unterlagen: M 9, M 26 und MM 106; weitgehend schorfresistent, aber mehltauanfällig, lang andauernde Blüte, Fruchtausdünnung bei starkem Fruchtbehang empfehlenswert
ab Ende September, besser später (mehrmals durchpflücken)/ ab November	Februar bis März (nicht überlagern!)	mittlerer bis starker Wuchs; empfehlenswerte Unterlagen: M9 und M 26; mittlere bis hohe Erträge, wenig anfällig für Schorf und Mehltau, hoher Vitamin-C-Gehalt (gesamte Frucht, nicht nur unter der Schale)
Anfang Oktober/ ab Ernte	bis November (bei +4–6 °C)	über 200 Jahre alte Sorte, sehr wertvoller Tafelapfel mit kräftigem Wuchs; empfohlene Unterlagen: M 9 und M 26 oder MM 106; später Ertragsbeginn, der Typ **'Roter Gravensteiner'** ist weniger aromatisch
ab Anfang September/ ab Ernte	bis Oktober	mittelstarker Wuchs; empfohlene Unterlagen: M 26 und M 9; gering anfällig für Schorf und Obstbaumkrebs, anfällig für Feuerbrand, hohe, regelmäßige Erträge, auch für Obsthecke geeignet; nur bei sehr guten Böden
Ende Juli, Anfang August/ab Ernte	bis Ende August	Wuchs mittelstark; empfohlene Unterlagen: M 26 und MM 106; gut für Umveredelungen geeignet, früh, aber etwas langsam einsetzender Ertrag, später sehr hoch und regelmäßig, gering anfällig für Schorf und Mehltau
ab Ende August/ ab Ernte	bis Mitte November	mittelstarker Wuchs; empfohlene Unterlagen: M 9 und M 26; einfache Spindelerziehung, resistent gegen Schorf, Mehltau, Feuerbrand, Spinnmilben
Mitte September/ ab Ernte	bis Januar	für schwach wachsende Unterlagen (M 9, M 27); Spindelerziehung schwierig, Anfangserträge eher mäßig, schorfresistent, wenig anfällig für Obstbaumkrebs und Mehltau, verlangt wenig Schnitt
Mitte bis Ende September/ab Ernte	bis März (sehr gut im Naturlager)	weitgehend schorfresistent, wenig mehltauanfällig, mittelstarker, aufrechter Wuchs, verlangt regelmäßigen Schnitt; für schwach und mittelstark wachsende Unterlagen (M 9, M 106); geschmacklich eine der besten schorfresistenten Sorten mit hohem Vitamin-C-Gehalt
Oktober (so spät wie möglich)/ab November	bis März	schwacher bis mittelstarker Wuchs; empfohlene Unterlagen: M9 und M 26; allgemein sehr widerstandsfähig, wenig anfällig für Schorf, Mehltau und Apfelblutlaus, auch für strengen Schnitt (Obsthecke) geeignet

Erfahrungen im Hausgarten vorliegen, wurden nicht berücksichtigt.

Äpfel sollten im Lager nicht übereinander liegen. Besser als hohe Kisten eignen sich flache Obststeigen.

nen sich dafür. Bei einer Lagertemperatur zwischen plus 2 und 5 Grad Celsius und einer Luftfeuchtigkeit von mehr als 60 Prozent können Herbstäpfel etwa vier Wochen, Winteräpfel bis Februar oder sogar März ohne Qualitätsverluste aufbewahrt werden. So günstige Bedingungen bieten aber nur Kellerräume mit Naturboden.

Lagerung in Kisten oder im Beutel

Optimal ist die Lagerung in so genannten Horden, also auf Rosten aus Holzlatten oder flachen Kisten. Kranke Früchte werden schnell entdeckt und können ausgelesen werden, die »Ansteckungsgefahr« für die daneben liegenden gesunden Äpfel ist gering. In hohen Kisten trennt man die Äpfel lagenweise mit Wellpappe. Kleine Erntemengen lassen sich auch in Folienbeuteln mit etwa 500 Gramm Fassungsvermögen aufbewahren. Die Beutel lässt man zunächst zwei bis drei Tage offen stehen, verschließt sie dann und sticht mit einer dicken Nadel mehrere Löcher in die Folie. Steht kein geeigneter Raum zur Verfügung, kann man die Äpfel auch in mit Styropor ausgekleideten Kisten auf dem regengeschützten Balkon oder der Terrasse einlagern. Sinken die Temperaturen unter 2 Grad Celsius ab, müssen die Äpfel durch Noppenfolie oder Wolldecken vor Kälteschäden geschützt werden.

Obst und Gemüse getrennt lagern

Am besten lagert man Obst und Gemüse in getrennten Räumen. Äpfel verströmen beim Reifen Ethylen. Das Gas vermindert die Lagerfähigkeit von Blatt- und Wurzelgemüse.

Mus, Kompott und Marmelade

Äpfel lassen sich unglaublich vielseitig verarbeiten. Apfelkompott, Apfelkuchen, kleingeraspelt im Salat oder im Müsli, im Sauerkraut oder im süßen Auflauf, Apfelchips oder getrocknete Apfelringe – Rezepte gibt es in Hülle und Fülle. Selbst das Fallobst lässt sich so noch verwerten.

Kuchen, Kompott, Mus, Marmelade und Gelee – für Äpfel gibt es viele köstliche Rezepte. Das Ausprobieren lohnt sich!

Birnen

Birnen *(Pyrus communis)* gelten als aristokratische Früchte. Ihr Duft und Geschmack ist weitaus zarter und das Aroma vielfältiger als das der robusten Äpfel.
Bei einem Rückblick in die Geschichte der Birnenkultur verblüfft nicht nur die Vielfalt der Sorten, sondern auch die Geschwindigkeit, mit der immer neue Züchtungen entstanden. Im 17. Jahrhundert waren in Europa 300 Birnensorten bekannt, zweihundert Jahre später gab es bereits 2500 Sorten. Die meisten entstanden in Frankreich und Belgien. Ludwig XIV. war ein erklärter Birnenliebhaber und bekehrte den Hof von Versailles zum leidenschaftlichen Birnengenuss. 'Comtesse de Paris' (1893) und 'Köstliche von Charneux' (1850) zeugen von der »Hoffähigkeit« der Birnen. Die beliebteste Sorte überhaupt stammt jedoch aus England und wurde 1770 von der Baumschule Williams vermehrt. 'Williams Christ', in Nordamerika heißt sie 'Bartlett', kennt wirklich jeder. Erst in den letzten Jahren entstanden neue, vielversprechende Birnensorten. Als Kreuzungspartner dienten wieder alte Sorten wie 'Vereinsdechants' oder 'Conference'.

Ein Birnenspalier gehörte in den Barockgärten der Schlösser und Adelssitze zum guten Ton, ebenso wie edle Rosen, Dahlien und streng geschnittener Buchs.

Ansprüche an den Standort

Mit Ausnahme einiger Wirtschaftsbirnen, auch Mostbirnen genannt, geben sich Birnen auch im Hinblick auf ihren Standort eher aristokratisch, also anspruchsvoll, statt bäuerlich und bodenständig. Gerade die weniger wüchsigen Sorten verlangen warme, geschützte Lagen und nährstoffreiche, humose und wasserdurchlässige Böden. Staunässe vertragen sie gar nicht, dasselbe gilt für länger andauernde Trockenheit. In kühlen Lagen lohnt sich der Anbau nur am Spalier, vor einer möglichst sonnigen Hauswand oder Gartenmauer. Bleibt der Regen während der Fruchtbildung längere Zeit aus, muss häufig und kräftig bewässert werden, denn Birnen bilden viele harte Steinzellen um das Kerngehäuse aus oder werfen ihre Früchte vorzeitig ab.

Unterlagen für Birnen

Für Hochstämme, Halbstämme oder Buschbäume pfropft man die Edelsorte auf Birnensämlingsunterlagen. Der Vorteil: Die Bäume sind sehr langlebig und robust. Der Ertrag setzt aber erst nach 6 bis 8 Jahren ein.

Birnen auf schwach wachsenden Unterlagen tragen deutlich früher als die lange üblichen Hoch- oder Halbstämme.

Die 'Pastorenbirne' entstand 1760 in Frankreich. Die Bäume wachsen stark und tragen reichlich saftige, um das Kernhaus meist etwas »steinige« Früchte mit kräftiger Säure und leichtem Aroma. Mit »Poire du curé« (Birne des Pfarrers) werden in Frankreich aber auch andere Sorten bezeichnet, die ansehnlich genug sind, um sie dem Pfarrer zu schenken, wiederum aber nicht so gut schmecken, dass man sie eigentlich lieber selbst behalten würde.

Schwach wüchsige Quitten dienen als Unterlage für die Erziehung als Spindelbusch oder am Spalier. Die Bäume tragen schon im dritten oder vierten Jahr nach Pflanzung. Meist bieten Baumschulen nur eine Quittensorte als Unterlage an. Gerade auf kalkhaltigen Böden oder in weniger günstigen Lagen lohnt es sich jedoch, auf die Suche nach dem passenden Wurzelbildner zu fragen.
Nicht alle Tafelbirnensorten vertragen sich mit der Quitte. Keine Probleme gibt es bei drei der ältesten Sorten: 'Gellerts Butterbirne', 'Pastorenbirne' oder 'Vereinsdechants' kommen mit dem Quittenpartner gut zurecht.

Die Befruchtung sichern

Wie Äpfel benötigen auch Birnen einen passenden Pollenspender in der Nachbarschaft. Fast alle Birnensorten sind diploid, kommen also prinzipiell in Frage, vorausgesetzt, die Blühzeitpunkte stimmen mit denen der zu befruchtenden Sorte überein. 'Alexander Lukas' und 'Gute Graue' sind triploid, eignen sich also grundsätzlich nicht als Befruchter.
Doch es gibt noch mehr Ausnahmen: Die Sorten 'Williams Christ' und 'Gute Luise' können sich

Birnen auf Quitten – die passende Unterlage

- Quitte A – bevorzugte Quittenunterlage für Spindelbusch und Buschbäume, mittleres Wachstum, ausreichende Standfestigkeit, guter Fruchtansatz, positiver Einfluss auf die Fruchtqualität der Edelsorte, für nördliche Anbaulagen, nicht für trockene und kalkhaltige Böden, macht viele Wurzelschosser, frostempfindlich.
- Quitte Adams – stammt aus Belgien, besonders geeignet für die Birnensorte 'Vereinsdechants', Wuchsstärke zwischen Quitte A und Quitte C, leider sehr viele Wurzelschosse, sehr frostempfindlich, nur für kalkarme Böden.
- Quitte BA 29 – Selektion aus der Quitte von Provençe, wächst stärker als andere Quittenunterlagen, gute Standfestigkeit, gute Verträglichkeit mit den Edelsorten, für schwere Böden, etwas bessere Kalkverträglichkeit als andere Unterlagen, frostempfindlich.
- Quitte C – nur für beste Bedingungen, für den Hobbyanbau nicht zu empfehlen.
- 'Pyrodwarf' – schwach wachsende Unterlage, auch für kalkhaltige Böden, trotzdem standfest, gute Verträglichkeit mit allen Edelsorten, frühe und regelmäßige Erträge.

Birnenblüten duften nur ganz leicht. Dafür sind die Bäume im Frühling überreich damit geschmückt.

trotz ihres diploiden Chromosomensatzes nicht gegenseitig befruchten. Diese Kreuzungsunverträglichkeit (Intersterilität) gilt auch für 'Williams Christ' und 'Frühe aus Trévoux'.

Früchte ohne Befruchtung

Manche Obstarten bilden auch dann Früchte aus, wenn die Blüten gar nicht befruchtet wurden. Diese Laune der Natur bezeichnet man als **Jungfernfrüchtigkeit** oder Parthenokarpie. Parthenokarpe Früchte sind immer samenlos. Bekannt ist dies von den darauf gezüchteten kernlosen Tafeltrauben oder Orangen. Dieses Phänomen tritt auch bei vielen robusteren Birnensorten auf. Der Vorteil: Sie liefern auch dann noch ganz passable Erträge, wenn Spätfröste die empfindlichen Blütenorgane zerstört haben. Allerdings sind die Birnen nicht mehr sortenrein, also meist auch nicht mehr typisch in Form, Farbe oder Geschmack.

Bewährte Sorten

Ein auf einem Sämling gezogener Birnbaum kann mühelos einen Kronendurchmesser von acht Metern erreichen, dazu wachsen viele Sorten auch noch steil in die Höhe. Ein Halbstamm (Stammhöhe ca. 1,20 Meter) benötigt immer noch mindestens 5 bis 6 Meter Platz. Selbst Birnenspindelbüsche werden trotz schwach wachsender Unterlage größer als Apfelspindeln und entwickeln im Laufe der Jahr fast die Größe eines Buschbaums. Für die Spindelerziehung und auch für die Anlage einer Obsthecke oder einer Spalieranlage eignen sich am besten Sorten, die von Natur aus kurzes Fruchtholz bilden, wie 'Alexander Lucas', 'Frühe von Trévoux', 'Madame Verté' und 'Vereinsdechants'.

Die Blüten der Birnen verströmen weniger Duftstoffe als Apfelblüten und locken deshalb weniger Bienen und Hummeln an. Oft fällt deshalb die Befruchtung nicht befriedigend aus. Dagegen hilft ein Trick: Man benetzt die Zweige mit Wasser, dem etwas ätherisches Anisöl zugesetzt wurde. 2 bis 3 Tropfen auf 0,5 Liter genügen! Die Bienen fliegen auf diesen Lockstoff und die Ernte ist gesichert.

'Conference'

Die Sorte wurde um 1880 in England gezüchtet. Große, schlanke Birnen, mit grüngelber Schale, oft etwas unregelmäßig geformt. Das Fruchtfleisch ist

Die Konferenzbirne oder 'Conference' überzeugte im Jahr 1885 die Jury der Nationalen Englischen Birnenkonferenz.

Widerstandsfähige Tafelbirnen-Sorten für Garten und Hobbyobstanbau			
Sorte	**Standorteignung**	**Frucht (Ausfärbung, Geschmack)**	**Befruchtung (Beispiele für bewährte Befruchtersorten)**
'Alexander Lukas'	robuste Tafelbirne, breit anbaufähig, nicht für kalte, nasse Böden, warme Lagen bevorzugt	groß, kegelförmig, grünlich gelb bis rötlich gelb gestreift, mild und süß bis leicht säuerlich	'Conference', 'Köstliche von Charneu', 'Williams Christ', 'Vereinsdechants' u. a., ist selbst ein guter Pollenspender
'Boscs Flaschenbirne'	für nährstoffreiche, warme, auch mäßig trockene Böden bis in mittlere Höhenlagen	großfrüchtig, kegelförmig, Schale rau, grünlich gelb, häufig zimtbraun berostet, saftig, süß mit edler Würze	'Concorde', 'Vereinsdechants', 'Williams Christ' u. a. spät blühende Sorten
'Concorde'	bevorzugt warme Lagen und gute Böden, bei Trockenheit Bewässerung nötig	glatte, grüne bis grüngelbe Schale, saftiges, zart schmelzendes Fruchtfleisch, an Melonen erinnerndes süßsäuerliches Aroma	'Conference', 'Williams Christ', 'Vereinsdechants'
'Conference'	für nährstoffreiche, feuchte Böden, bis in Grenzlagen anbaufähig	Schale grünlich gelb bis hellorange überhaucht, dick (eventuell schälen), Fruchtfleisch zart schmelzend, zuckersüß, angenehm würzig	'Boscs', 'Concorde', 'Williams Christ' u. a.
'Frühe von Trévoux'	ideal für warme, nährstoffreiche, mäßig feuchte Böden, bis in Höhenlagen (Grenzlagen)	glatte Schale gelbgrün bis rötlich gelb, orange gestreift, Fruchtfleisch erfrischend feinsäuerlich	'Boscs', 'Conference', 'Köstliche von Charneu', 'Williams Christ' u. a.
'Harrow Sweet'	sehr robust, auf guten Böden auch für Höhenlagen	mittelgroß mit grüngelber Schale, auf der Sonnenseite rötlich überhaucht, Fruchtfleisch süß, leicht gewürzt, saftig schmelzend	'Conference', 'Köstliche von Charneu', 'Williams Christ' u. a., ist selbst eine sehr gute Befruchtersorte
'Köstliche von Charneu'	breit anbaufähig bis in mittlere Höhenlagen, für wärmere, nährstoffreiche, feuchte Böden, nicht für Frostlagen	glatte gelbe Schale, auf der Sonnenseite orangerot, Fruchtfleisch weich, zart schmelzend, kräftig süß mit feiner Säure, würzig und aromatisch	'Boscs', 'Williams Christ' u. a., ist selbst ein guter Pollenspender
'Madame Verté'	breit anbaufähig, bis in mittlere Höhenlagen, nährstoffreiche, eher feuchte und humose Böden, bevorzugt wärmere Lagen	stumpfkegelige Früchte mit Zimtbraun, berostet, gelblich orange Schale, Fruchtfleisch schmelzend zart, saftig und feinsäuerlich, kräftig aromatisch	'Boscs', 'Köstliche von Charneu', 'Vereinsdechants', 'Williams Christ' u. a.
'Uta'	bevorzugt für warme Lagen und nährstoffreiche Böden, auch für Spalier und Obsthecken	Schale vollständig bronzefarben berostet, sehr saftiges Fruchtfleisch mit ausgeprägtem Aroma, süß-säuerlich	'Conference', 'Concorde', 'Köstliche von Charneu'
'Vereinsdechants'	für warme, sonnige Lagen und gute Böden, besonders geeignet für Spalier	grüngelbe, glatte, dicke Schale, sonnenseitig orangerot, sehr saftiges, süßes, sehr würziges Fruchtfleisch, geschmacklich oft als beste Spätbirne bewertet	'Conference', 'Köstliche von Charneu', 'Williams Christ' u. a.
'Williams Christ'	für nährstoffreiche, durchlässige Böden und geschützte, warme Lagen, auch noch für mittlere Höhenlagen	Schale glatt und zart, gelblich grün bis gelb, fein muskatartig duftend, harmonisch süß-säuerlich, sehr saftig	'Conference', 'Harrow Sweet', 'Köstliche von Charneu', 'Madame Verté', 'Frühe von Trévoux', 'Vereinsdechants' u. a., ist selbst ein ausgezeichneter Pollenspender

Widerstandsfähige Tafelbirnen-Sorten für Garten und Hobbyobstanbau		
Baumreife	**Genussreife/Lagerfähigkeit**	**Bemerkungen**
Mitte Oktober	ab November/bis Januar	Wuchs mittelstark, im Alter schwächer; wegen dreifachen Chromosomensatzes (triploide Sorte) nicht als Befruchtersorte geeignet, neigt zur Jungfernfrüchtigkeit, ertragssicher
Mitte Oktober	ab November/bis Dezember	Wuchs mittelstark; späte Blüte, kurz vor der Baumreife ernten, die Früchte fallen sonst leicht ab, Spitzensorte für den Frischverzehr, für Dörrobst und Kompott
Mitte September	ab Oktober/bis Dezember	schwachwüchsig; wenig anfällig für Schorf und Feuerbrand
ab Mitte September	Mitte Oktober/ bis Ende November	hoch widerstandsfähig gegen Schorf, Fruchtqualität in fast allen Jahren gleich bleibend gut, bis zur Baumreife windfest, auf nassen Standorten anfällig für Feuerbrand
ab August (vor Baumreife ernten)	sofort/bis zwei Wochen nach der Ernte	Wuchs mittelstark; allgemein sehr widerstandsfähig, mäßig anfällig für Schorf, anfällig für Feuerbrand, Blüten wenig witterungsempfindlich, bei zu später Ernte mehlige Früchte
Anfang bis Mitte September	ab Oktober/ bis Ende Dezember	schwachwüchsig; hohe Feuerbrandtoleranz, schorfresistent
ab Mitte September	Anfang Oktober/ bis Ende Oktober	starkwüchsig; schorfanfällig (in Lagen mit hoher Luftfeuchtigkeit und häufigen Niederschlägen im Sommer); Blüte wenig frostempfindlich, spät einsetzender Ertrag, leichte Neigung zur Jungfernfrüchtigkeit (siehe Seite 23)
Mitte bis Ende Oktober, erst bei voller Baumreife	ab Ende November/ bis Januar	schwacher bis mittelstarker Wuchs; in ungünstigen Lagen mäßig schorfanfällig, bei zu früher Ernte werden die Früchte teigig
Anfang Oktober	ab November/ bis Januar	schwacher Wuchs mit breiter, lichter Krone; kaum krankheitsanfällig (Feuerbrand und Schorf), sehr hoher und früh einsetzender, regelmäßiger Ertrag
ab Ende Oktober (so spät wie möglich)	ab November/ bis Anfang Dezember	mittelstarker Wuchs; spät einsetzender Ertrag, wenig anfällig für Schorf, Früchte auch in der Baumreife windfest
ab Ende August	ab September/ im Naturlager nur bis etwa 14 Tage nach Ernte	mittelstarker Wuchs, im Alter schwächer; früh einsetzender Ertrag (ab dem 3. Standjahr), frostempfindliches Holz; eine rote Mutante mit ähnlichen Eigenschaften ist **'Rote Williams Christ'**

Typisches Merkmal der Sorte 'Frühe von Trévoux': Die zartrosa überhauchte Schale auf der besonnten Seite.

Zwei, die sich mögen: In der Nachbarschaft der Sorte 'Vereinsdechants' entwickelt 'Conference' besonders schön geformte Früchte. 'Conference' gilt als gute Befruchtersorte für 'Vereinsdechants'.

'Frühe von Trévoux'

Eine sehr alte, frühe Sorte aus Frankreich, die gleich nach der 'Bunten Julibirne' reift. Mittelgroße Birne mit grüngelber, orangerot gestreifter Schale. Die erfrischend säuerlichen, saftigen Früchte dürfen nicht zu spät geerntet werden, sonst schmecken sie mehlig und verlieren an Würze.

Birnen ernten und verwerten

Den optimalen Erntezeitpunkt erkennt man an der Schale der Birnen. Während der Wachstumszeit sind die Früchte grün, die Töne reichen von kräftigem Grasgrün bis zu einem etwas verwaschenen Pastellgrün. Sobald sich die Schalenfarbe aufhellt und je nach Sorte gelb oder rötlich verfärbt, sind die **Frühsorten** pflück- und genussreif. Sie lassen sich nach der Ernte auch nicht länger als ein paar Tage aufbewahren. Das Fruchtfleisch wird schnell teigig und verbräunt.
Auch die **Herbstbirnen** sollten nicht erst in der Baumreife, son-

saftig und süß und sehr aromatisch. Auch für Hochprozentiges eignet sich die Sorte gut. Besonders in Süddeutschland stellen kleine Hofbrennereien aus dem Überschuss des Streuobstanbaus noch ihren eigenen »Konferenzschnaps« her.

Butterbirnen
Als Butterbirnen, bezeichnet man besonders köstliche Tafelbirnen mit ausgesprochen feinzelligem, weichem, saftigem, »zart schmelzendem« Fruchtfleisch.

Köstlich zum Dessert: Für eine Birnentarte nach französischem Rezept braucht man nur fertigen Blätterteig, ein Pfund süße, reife Herbstbirnen und ganz wenig Zucker.

dern kurz vorher geerntet und längstens vier Wochen aufbewahrt werden – am besten im Freien unter einem regensicheren Vordach oder im Carport auf der Nordseite des Hauses.
Die spät reifenden **Winterbirnen** werden nicht vor Ende Oktober, möglichst sogar erst Anfang November geerntet, vorausgesetzt, die Tage und Nächte sind noch sicher frostfrei. Gerade jetzt legen die Birnen an Aroma, Zuckergehalt und Gewicht nochmal kräftig zu.
Die alte Faustregel gilt: Frühsorten werden so früh wie möglich, Spätsorten so spät wie möglich geerntet.

Im Frühjahr bezaubern die Quitten mit großen, schneeweißen Blüten, im Herbst leuchten die zitronengelben Früchte aus dem dunkelgrün glänzenden Laub.

Quitten

Quitten *(Cydonia oblonga)* sind das ideale Ziergehölz! Im Mai schmückt sich der Baum mit großen, duftenden, weiß-rosa Blüten, im Oktober leuchten die »quittengelben« flaumüberzogenen Früchte über silbrig glänzendem, dunkelgrünem Laub. Doch nicht nur das! Wer bei der Ernte ihren unvergleichlichen Duft nach Zitronen, Rosen und grünen Äpfeln einatmet oder beim Einfüllen in die Marmeladengläser das frisch gekochte Gelee kostet, versteht die Götter des antiken Griechenlands, die angeblich Quitten als liebste Opfergabe schätzten.

Unkompliziert und pflegeleicht

Mit etwa zwei Meter Wuchshöhe bleiben Quittenbäume relativ klein, selten erreichen sie ihre maximale Größe von sechs Metern. Wie kein anderer Obstbaum lässt sich ein Quittenbäumchen mit anderen Ziergehölzen kombinieren. Quitten sind selbstfruchtend und bringen auch als Solitärbaum gute Erträge.

Die besten Sorten

Nach der Ernte im Oktober müssen die Früchte vor der Verarbeitung noch ein bis zwei Wochen nachreifen. Legt man ein paar davon in eine Schale, beduften sie das ganze Zimmer. Das Fruchtfleisch der Apfelquitten ist härter und trockener als das der birnenförmigen Früchte. Besonders empfehlenswert sind folgende Sorten:

Reife Quitten sind tiefgelb und duften intensiv nach Fruchtrosen. In der Vollreife verlieren die Früchte auch ihren Flaum.

'Konstantinopler Apfelquitte'

Die großen, apfelförmigen, unregelmäßig gerippten Früchte mit kaum filziger, hellgelber Schale und zuckerreichem, aromatischem Fruchtlfleisch reifen Anfang bis Mitte Oktober. Eine robuste Sorte mit geringen Ansprüchen an den Boden und hohen Erträgen.

Obwohl Quitten so hart und festfleischig wirken, ist die Saftausbeute sehr hoch. Beim Kochen verfärbt sich das Kompott oder Gelee rosarot. Auf Geliermittel kann man wegen des hohen Pektingehalts der Früchte verzichten.

'Portugiesische Birnenquitte'

Trotz des Namens ist die Herkunft dieser Sorte unbekannt. Sie hat etwas höhere Ansprüche und braucht einen warmen, windgeschützten Platz. Die Schale ist gelb und mit einem weichen Filz bedeckt. Die Früchte sind sehr groß und können nach der Ernte, zwischen Ende September und Mitte Oktober, noch bis Ende November verwertet werden.

'Champion'

Eine amerikanische Sorte mit intensivem Duft. Die zitronengelbe Schale ist mit einem grauen Filz überzogen, das saftreiche Fruchtfleisch ist hoch aromatisch. 'Champion' eignet sich auch für mittlere Höhenlagen. Ab Anfang Oktober sind die Früchte pflückreif. Lagerfähigkeit: bis Anfang Dezember.

'Cydora'

'Cydora' entstand 1988 und ist erst seit wenigen Jahren im Handel. Die großen, apfel- bis zitronenförmigen Früchte sind leuchtend gelb und haben ein angenehm aromatisches, cremegelbes Fleisch. Die Bäume sind robust und gelten bislang als feuerbrandresistent.

Süß- und Sauerkirschen

Süß- und Sauerkirschen stammen von verschiedenen Wildformen ab. Heimat beider Arten ist Nordostasien, die Wildkirschen waren aber schon in vorgeschichtlicher Zeit über ganz Europa verbreitet.
Oft wird Lucullus die Einführung der Kirschen nach Italien zugeschrieben. Nachgewiesen ist jedoch, dass die Etrusker schon lange vor der Zeit des für seine opulenten Feste bekannten römischen Feldherrn Kirschen angebaut und vermehrt haben. Vermutlich handelt es sich bei den mitgebrachten Kirschen um veredelte Süßkirschen, die der römische Feldherr und Genießer in seiner Villa nahe Pompeji kultivierte.
Sowohl auf Griechisch als auch im Lateinischen heißt der Kirschbaum *Cerasus*. Dieser Name blieb als Artbezeichnung erhalten, allerdings nur für die Sauerkirsche *(Prunus cerasus)*, die Süßkirschen werden weiterhin nach ihrer Wildform, der Vogelkirsche *(Prunus avium)*, benannt. Das weist gleichzeitig darauf hin, wer noch Anspruch auf die ab Juni reifenden Früchte erhebt.

Unterschiedliche Standortansprüche

Die Blüten der fruchttragenden Kirschen erscheinen schon früh im Jahr und sind entsprechend frostgefährdet. Auch kühles Frühsommerwetter verursacht so manchen Ernteausfall, weil dadurch das so genannte **Röteln** noch gefördert wird. Dabei färben sich die Früchte vorzeitig und fallen vom Baum. Ansonsten gelten Süßkirschen gerade im Hinblick auf ihr Wärmebedürfnis als wenig anspruchsvoll. Die Bäume überstehen Fröste bis minus 25 Grad Celsius meist ohne größere Schäden.

Nichts lockt mehr Gäste in den Garten als ein großer Kirschbaum mit dunkelroten, reifen Früchten. Weil die Ernte meist reichlich ausfällt, kann man sich großzügig zeigen.

Vorwiegend trocken

Ebenso widersprüchlich geben sich die Kirschen beim Wasserbedarf. Er ist eher mäßig, also kommt eine Pflanzung auch auf trockenen Böden in Frage, vorausgesetzt der Boden verfügt über genügend Speichervermögen und kann den stark erhöhten Bedarf an Wasser während der Fruchtbildung decken.
Auf wechselfeuchten Standorten leiden das Baumwachstum und die Fruchtqualität. Bei hohen Sommerniederschlägen oder auf Standorten mit höherer Luftfeuchtigkeit platzen die Früchte und die Bäume werden anfällig für Krankheiten wie Gummifluss oder Spitzendürre *(Monilia)*.

Genügsame Sauerkirschen

Sauerkirschen sind weitaus genügsamer und gehören zu den anspruchslosesten Obstarten. Selbst in feuchtkühlen Lagen platzen die weichen Früchte nur selten. Weil die Bäume etwas später blühen, ist die Blüte weniger frostgefährdet. Reiche Ernten gibt es, trotz aller Anpassungsfähigkeit, aber nur auf

Hauptschädlinge im Kirschenanbau sind Amseln, Stare, Rotkehlchen, Kernbeißer und andere Singvögel. Kaum sind die Früchte reif, fallen sie über die Bäume her. Bevor man diese mit Netzen überspannt, steht man vor dem Konflikt, ob man einen Garten mit vielen Vögeln oder möglichst vielen Kirschen haben möchte. Wenn keine anderen Kirschbäume in der Nähe stehen, stehen bei den Frühsorten die Chancen auf eine eigene üppige Ernte für Tierfreunde allerdings schlecht.

Sauerkirschen sind relativ zierlich im Wuchs. Ist nur Platz für einen Baum, wählt man selbstfruchtbare Sorten.

nicht zu schweren oder zu nassen Böden. Dort, wo das Wasser gut abzieht, können sowohl Sauer- als auch Süßkirschen noch im rauen Klima der Hochlagen am Spalier gezogen werden.

Auf mäßig trockenen, humus- und nährstoffreichen Böden wachsen Süß- und Sauerkirschen am besten und liefern regelmäßige Erträge. Wärmere Lagen werden bevorzugt, dort lassen sich selbst Süßkirschen bis in mittlere Höhen anbauen.

Befruchtung

Die meisten älteren Sauerkirschsorten sind selbstfruchtbar und deshalb eigentlich ideal für den kleinen Garten, wo ein Baum oft mehr als genügt. Gerade unter den widerstandsfähigen Neuzüchtungen finden sich dagegen einige, die zwar ebenfalls ohne fremden Pollenspender zurechtkommen, mit einer weiteren Sorte in der Nähe aber sehr viel reicher tragen. Trotzdem sind Sorten wie 'Karneol', 'Korund' und 'Morina' oft im Vorteil. Die beliebte 'Schattenmorelle' sollte man wegen ihrer großen Anfälligkeit für Spitzendürre nämlich besser meiden. Vollkommen gefeit gegen den Pilz sind auch die Neuzüchtungen nicht, aber bei konsequenter Pflege bleiben sie gesund und liefern lange gute Erträge.

Befruchter für Süßkirschen

Bei den Süßkirschen ist es genau umgekehrt: Die alten Sorten sind ausnahmslos selbststeril. Die besonders beliebten Knorpelkirschen brauchen grundsätzlich eine andere Süßkirschensorte als Befruchter. Hinzu kommt, dass es bei den Süßkirschen einige Sorten gibt, die sich trotz passender Blühzeiten gegenseitig nicht als Pollenspender eignen (Gruppensterilität).
Erst in letzter Zeit kamen einige selbstfruchtbare Neuzüchtungen auf den Markt. Dort, wo nur ein Baum gepflanzt werden kann und im Umkreis von 50 bis 80 Meter keine geeignete Be-

Veredelungsunterlagen für Kirschen

- ***Prunus avium* F 12/1:** Für großkronige Viertel-, Halb- oder Hochstämme, Ertragsbeginn ab dem 5. Standjahr, sehr frosthart, aber nur mittlerer Fruchansatz.
- **'Weiroot 158':** Für Buschbäume mit etwa 5 Meter Höhe, der Ertrag beginnt im 2. und 3. Standjahr, empfindlich gegen Trockenheit (wässern!), für warme Böden. Guter Fruchtansatz, große Kirschen.
- **'Weiroot 72':** Für Spindelbüsche, aber hohe Ansprüche an Standort und Pflege. Ertragsbeginn im 2. bis 3. Standjahr. Sehr guter Fruchtansatz. Bei Trockenheit wässern!
- **'GiSelA 5':** wie 'Weiroot 158', im Ertrag höher bei etwas kleineren Kirschen.
- ***Prunus mahaleb*** (Steinweichsel): Gute Sämlingsunterlage für Sauerkirschen auf leichten und flachgründigen Böden.

fruchtersorte steht, kann man auf diese Sorten ausweichen. Dies empfiehlt sich auch dann, wenn verschiedene Sorten angebaut werden, deren Blühzeitpunkte zu weit auseinander liegen. Selbstfruchtbare Sorten wie 'Sweetheart' und 'Lapins' eignen sich alle auch als universelle Befruchter.

Die Kirschen sind reif! Jetzt heißt es nach Herzenslust genießen, denn nicht nur für erklärte Kirschenliebhaber gilt: Die Saison ist fast immer viel zu kurz!

Unterlagen

Trotz der Tendenz zu kleineren Bäumen ist die Vogelkirsche als Sämlingsunterlage noch Standard in vielen Baumschulen. Für den Garten sind Viertel- und Halbstämme dabei günstiger, Hochstämme kommen nur selten in Frage.

Neue Unterlagen machen es möglich: Inzwischen kann man die wüchsigen Süßkirschen als Buschbaum erziehen.

Neue Unterlagen wie 'GiSelA' (aus Gießen) und 'Weiroot' (aus Weihenstephan) ermöglichen endlich auch bei den Kirschen die Erziehung als Buschbaum oder Spindelbusch. Anders als bei den Äpfeln brauchen als Spindelbusch gezogene Kirschen nur in den ersten Jahren einen Pfahl, später sind sie ausreichend standfest.

Empfehlenswerte Sorten

Süßkirschen

Bei den Süßkirschen stehen die neuen, selbstfruchtbaren Sorten den bewährten, zum Teil sehr alten Kirschensorten geschmacklich nicht nach. Da im Garten in der Regel gar nicht oder kaum gespritzt wird, sollte besonders widerstandsfähigen Züchtungen der Vorzug gegeben werden. Ein weiteres Auswahlkriterium ist die Platzfestigkeit der Früchte bei Regen. Aufgeplatzte Kirschen faulen sehr schnell, und die, die sich trotzdem noch verwerten lassen, schmecken wässrig.

Herz- oder Knorpelkirschen?
Knorpelkirschen werden auch Kracher genannt. Das Fruchtfleisch ist sehr fest und knackt beim Hineinbeißen. Herzkirschen sind etwas kleiner, herzförmig und weicher im Fleisch. Trotzdem sind sie in Regenperioden platzfester als Knorpelkirschen.

Empfehlenswerte Süßkirschen-Sorten für den Garten		
Sorte (Gruppe)	**Frucht (Farbe; Geschmack)**	**Standorteignung**
'Burlat' (Herzkirsche)	große, dunkelrote, feste Früchten; süß und aromatisch	relativ anspruchslos, auch noch für mittlere Höhenlagen, wegen früher Reife Vogelschutz empfehlenswert
'Büttners Rote Knorpelkirsche' (Knorpelkirsche)	große, gelbe Früchte mit leuchtend roter Deckfarbe, relativ platzfest; süß, sehr gut gewürzt	sehr anpassungsfähig, frosthart, auch für leichte Böden
'Kordia' (Knorpelkirsche)	sehr platzfest, sehr große, schwarzrote Früchte; harmonischer Säureanteil, sehr aromatisch	keine besonderen Ansprüche, auch für Höhenlagen geeignet
'Lapins' (Knorpelkirsche)	große bis sehr große, feste Früchte, relativ platzfest; Fruchfleisch süß, schwach aromatisch	robust, keine besonderen Ansprüche
'Regina' (Knorpelkirsche)	sehr große Früchte, rotbraun, dunkel glänzend; süß-säuerlich, sehr aromatisch	mittlere Standortansprüche
'Sweetheart' (Knorpelkirsche)	sehr gute Fruchtqualität, glänzend karminrot, aber platzempfindlich; süß, wenig Säure	keine besonderen Ansprüche
'Schneiders späte Knorpel' (Knorpelkirsche)	langstielige Knorpelkirsche, platzanfällig; sehr aromatisch, wenig Säure	für lehmig-sandige Böden, nicht für sehr schwere oder sehr leichte Böden, auch für mittlere Höhenlagen

Empfehlenswerte Sauerkirschen-Sorten für den Garten		
Sorte (Gruppe)	**Frucht (Farbe; Geschmack)**	**Standorteignung**
'Beutelsbacher Rexelle' (Weichselkirsche)	großfrüchtig, dunkel, weichfleischig mit stark färbendem Saft; kräftiger, erfrischend säuerlicher Geschmack mit feinem Vanillearoma	eher wärmere Lagen mit wenig Niederschlägen
'Gerema' (Kreuzung aus Schattenmorelle u. Weichselkirsche)	große, dunkelrote, feste Früchte, die lange am Baum bleiben können, nicht platzanfällig, auch ohne Stiel nicht blutend	keine besonderen Ansprüche
'Korund' (Kreuzung aus Schattenmorelle u. Weichselkirsche)	große, dunkelrote Früchte mit höherem Säuregehalt, erfrischend süßsauer im Geschmack	offene, sonnige, eher milde Lagen mit wenig Niederschlägen
'Königin Hortense' (Süßweichsel, Kreuzung aus Süß- und Sauerkirsche)	sehr große, leuchtend rote, durchscheinende Früchte, weich, mit hohem Saftgehalt; bemerkenswert guter Geschmack	für leichte, gut durchlüftete Böden und geschützte Standorte
'Morina' (Weichselkirsche)	weich bis mittelfest, Kirschen lösen sich gut vom Stein; würzig sauer mit dunkelrotem, färbendem Saft	keine besonderen Ansprüche

Empfehlenswerte Süßkirschen-Sorten für den Garten

Befruchtung (Beispiele für bewährte Befruchtersorten)	Reifezeit	Bemerkungen
'Büttners Rote Knorpelkirsche', 'Lapins' u. a., ist selbst ein guter Pollenspender	früh, 2. bis 3. Kirschenwoche	stark wachsend, früher Ertragsbeginn, wird wie alle Frühsorten nicht von der Kirschfruchtfliege befallen; die ähnliche Sorte **'Burlat C1'** wächst etwas schwächer
'Kordia', 'Lapins', u. a.	mittelfrüh, 4. bis 5. Kirschenwoche	sehr hoher, früh einsetzender und regelmäßiger Ertrag; sehr robuste, alte Sorte
'Hedelfinger Riesenkirsche', 'Regina'	spät, 6. bis 7. Kirschenwoche	mittelstarker Wuchs, überhängende Triebe, frühe und hohe Erträge, Blüte spätfrostgefährdet, widerstandsfähig gegen Pilzkrankheiten
selbstfruchtbar, universeller Pollenspender	spät, 6. bis 7. Kirschenwoche	widerstandsfähig gegen Pilzkrankheiten, leicht moniliaanfällig, frühe bis mittelfrühe Blüte, qualitativ hochwertige Tafelkirsche
'Hedelfinger', 'Schneiders späte Knorpel'	spät, 7. bis 8. Kirschenwoche	widerstandsfähig und robust, gut geeignet für Spindelerziehung, früh einsetzender Ertrag, sehr späte Blüte
selbstfruchtbar, universeller Pollenspender	spät, 8. Kirschenwoche	starkwüchsig, früh einsetzender, hoher Ertrag
'Büttners Rote Knorpelkirsche' u. a. mittelfrüh blühende Sorten, ist selbst ein guter Pollenspender	spät, 6. bis 7. Kirschenwoche	stark wachsend, bei Trockenheit Neigung zum Röteln, kaum spätfrostgefährdet, die Früchte reifen nach und nach, lange Erntezeit, anfällig für Monilia

Empfehlenswerte Sauerkirschen-Sorten für den Garten

Befruchtung	Reifezeit	Bemerkungen
selbstfruchtbar, Blüte mittelfrüh, wegen langer Blütezeit sichere Erträge	früh, 5. bis 6. Kirschenwoche	trotz Monilia-Anfälligkeit (in niederschlagsreichen Gebieten) hochwertige Sauerkirsche für Frischverzehr, Saft, Kompott zum Einfrieren und für Marmelade; früh einsetzender Ertrag
selbstfruchtbar	spät, 7. bis 8. Kirschenwoche	Monilia-feste Neuzüchtung mit regenfester Blüte, sicherer Fruchtansatz auch in ungünstigen Lagen, schwacher bis mittelstarker Wuchs, benötigt wenig Schnitt; für Frischverzehr und Verarbeitung, lässt sich sehr gut einfrieren
nur teilweise selbstfruchtbar, Befruchtersorten: Schattenmorelle, Morellnfeuer, Fanal	früh, 5. bis 6. Kirschenwoche	etwas anfällig für Monila, besticht durch ihre Fruchtgröße, besonders für den Liebhaberanbau empfohlen
selbstunfruchtbar (!), mittelfrühe Blüte, als Befruchter eignen sich Süßkirschen, z. B. 'Schneider späte Knorpel'	sehr früh, 3. bis 4. Kirschenwoche	für den Liebhaberanbau, gilt als edelste aller Kirschen; sehr niedriger Ertrag, geringe Monilia-Anfälligkeit, stark wachsend
nur teilweise selbstfruchtbar, höhere Erträge durch andere Sauerkirschensorte in der Nähe oder die Süßkirsche 'Lapins'	mittelfrüh, 6. Kirschenwoche	wenig moniliaanfällige Neuzüchtung, sehr gut für Frischverzehr und Verarbeitung, trägt reich und regelmäßig, widerstandsfähig gegen Blütenfrost

Edelste aller Kirschensorten
Die Sorte 'Königin Hortense' gilt noch heute als edelste aller Kirschen. Die Abstammung ist unbekannt, vermutlich entstand die Kreuzung aus Süß- und Sauerkirschen um 1800 und wurde vom Gärtner der Kaiserin Josephine von Frankreich gezüchtet und nach Josephines Tochter, der Königin von Holland, benannt.

Die Sorte 'Büttner's Rote Knorpel' (Bild unten links) reift mittelfrüh und trägt große gelbe Früchte mit leuchtend roten Bäckchen. Die Erträge sind hoch und regelmäßig. Sauerkirschen (Bild unten rechts) werden gerne zu Saft, Kuchen und Marmelade verarbeitet. Als Naschobst eignen sich säurearme Sorten.

Bei beiden gibt es dunkle Sorten ebenso wie solche mit gelben oder gelb-roten Kirschen.

Sauerkirschen

Bei den Sauerkirschen unterscheidet man die hellfrüchtigen **Amarellen** und die **Weichseln** mit dunklen Früchten und stark färbendem Saft. Die Kirschen der Weichseln sind fester und weniger empfindlich als die der Amarellen.

Kirschen ernten und verwerten

Auch die Kirschsorten werden nach ihrer Reifezeit eingeteilt.

Anders als bei anderen Obstsorten findet man in den Katalogen aber nicht frühe, mittlere und späte Sorten, die Reifezeiten sind nach Kirschenwochen gestaffelt. Die erste **Kirschenwoche,** also der Zeitpunkt, zu dem die frühesten Sorten reifen, liegt in bevorzugten Lagen zwischen Ende Mai und Anfang Juni. Die Mehrzahl der Sorten wird zwischen der fünften und siebten Kirschenwoche geerntet. Am besten genießt man sie frisch vom Baum, spätestens nach Einsetzen des Vollertrages reicht die Erntemenge aber auch noch für Marmelade, eingewecktes Kirschkompott oder zum Tiefgefrieren für Kuchen und Desserts.

Nach dem Kirschenessen kein Wasser trinken
»Wer nach dem Kirschenessen Wasser trinkt, bekommt Bauchweh«, warnten schon unsere Großmütter. Der Grund hierfür liegt in den natürlichen Hefekeimen, mit denen die Fruchtschale besiedelt ist und die im Magen zu gären beginnen. Schlingt man zu schnell zu viele Kirschen hinunter und verdünnt die Magensäure dann auch noch mit Wasser, kann es zu harmlosen, aber schmerzhaften Blähungen kommen.

Die 'Hauszwetsche' gehört zu den beliebtesten Sorten mit für die Zwetschen typischem süß-säuerlichem, würzigem Aroma und hell bereifter, leicht bitterer Fruchthaut.

Pflaumen und Zwetschen

Unter der Bezeichnung »Pflaumen« werden die verschiedenen und untereinander vermischten Arten Zwetsche (regional auch Zwetschge genannt), Mirabelle, Reneklode und natürlich die eigentlichen Pflaumen zusammengefasst.
Die europäischen Pflaumen *(Prunus domestica)* haben vermutlich zwei verschiedene Eltern: Die Gewöhnliche Schlehe *(Prunus spinosa)* und die Kirschpflaume *(Prunus cerasifera)*. Wie die Wildäpfel kommen beide Arten im nördlichen Kaukasus bis zum Altaigebirge vor.
Kaum eine Obstart wartet mit einem größeren Formenreichtum auf und neigt derart zur Bastardbildung, also zur unkontrollierbaren Kreuzung zwischen ihren verschiedenen Abkömmlingen. Deshalb ist eine Unterteilung in die verschiedenen Gruppen, also in Pflaumen, Zwetschen, Renekloden und Mirabellen, gar nicht so einfach. Gerade bei den Neuzüchtungen gibt es viele Übergangsformen.

Zwetschen oder Pflaumen?

Zwetschen, Zwetschgen oder Zwetschken oder sogar Quetschen – gemeint sind alle die Sorten mit länglichen, spitz zulaufenden, ungefurchten Früchten mit dunkelvioletter oder schwarzblauer Schale. Diese kann außerdem »bereift«, also von einer weißen, hauchdünnen Schicht aus natürlichen Fruchtwachsen überzogen sein. Die Wachsschicht schützt die Zwetschen vor Regen, aber auch vor dem Austrocknen. Zwetschen sind auch daran zu erkennen, dass sich der flache Stein leicht vom grünlich gelben Fruchtfleisch löst.

Die Pflaume 'Königin Victoria' entstand aus einem Zufallssämling. Die saftig-süßen Früchte reifen ab Anfang September.

Die kugelrunden Mirabellen schmecken zuckersüß und sind leicht zu pflücken. Sie fruchten reichlich an langen, überhängenden Zweigen.

Pflaumen reifen früher als Zwetschen, sie sind meist größer, rund bis oval und längs gefurcht. Die Schale ist rötlich blau und ebenfalls leicht bereift. Das Fruchtfleisch ist süßer, weicher und saftiger und hellgelb bis goldgelb gefärbt. Der Stein ist rundlicher und dicker und lässt sich bei vielen Sorten nur schwer auslösen.

Renekloden oder, nach der französischen Herkunft, Reineclauden, sind ebenso groß, oft sogar größer als Pflaumen, noch runder und haben ebenfalls eine Naht. Das grünliche oder gelbe, sehr aromatische Fruchtfleisch löst sich ebenfalls schlecht vom Stein, bleibt aber auch beim Erhitzen süß.

Mirabellen sind viel kleiner, kugelrund und in der Reife wachsgelb, auf der Sonnenseite bilden sie oft rötliche Bäckchen oder sind rot punktiert. Der Stein ist klein, löst sich in Reife ganz leicht vom zuckrigen, aber nicht sehr aromatischen Fleisch.

Standort – nur bedingt anspruchslos

»Pflaumen wachsen überall – außer in der Antarktis« – auf diese etwas oberflächliche Standortempfehlung sollte man sich keinesfalls verlassen, auch wenn gerade die Zwetschen sehr anpassungsfähig sind. Grundsätzlich gelten für Zwetschen und Pflaumen die gleichen Standortvoraussetzungen wie für Kirschen, allerdings kommen sie auch noch mit feuchten, lehmigen Böden und häufigen Regenfällen zurecht. Auf strenge Winterfröste reagieren alle Pflaumen und Zwetschen eher empfindlich. In kühlen Höhenlagen nimmt die Schale der blauen Sorten eine rötliche Tönung an, die Früchte bleiben kleiner und der Zuckergehalt lässt zu wünschen übrig. Gerade die spät reifenden Sorten sind weniger robust als oft angenommen. Dort, wo der Winter früh hereinbricht, bleibt ihnen nach der Ernte nur eine kurze Erholungsphase, und das beeinträchtigt den Ertrag im nächsten Jahr. Alle Frühsorten und die besonders ertragreichen Neuzüchtungen verlangen wärmere Lagen.

Unterlagen für Pflaumen, Zwetschen & Co

Wirklich schwachwüchsige Unterlagen können für den Anbau im Garten weder für Pflaumen noch für Zwetschen empfohlen werden. Selbst im Erwerbsanbau werden hauptsächlich mittelstark wachsende Wurzelbildner verwendet. Aber auch damit ist eine Erziehung als Buschbaum oder Spindel möglich. In regenreichen Gebieten hat sich eine flache Krone bisher jedoch besser bewährt.

Unterlagen für Pflaumen und Zwetschen

Für Spindelerziehung und Flachkronen (Tellerkronen):

- GF 655/2 – Auslese von 'Julian A', mittelstark wachsend, für eher trockene Böden und wärmere Lagen, ermöglicht sehr hohe Erträge, neigt zu Ausläuferbildung wie Julian A
- 'Ferely' – Neuzüchtung aus Frankreich, mittelstark wachsend, sehr früher Ertragsbeginn, keine Ausläuferbildung, auch für schwere, nasse Böden

Für Busch und Halbstamm:

- St. Julien A – mittelstark bis stark wachsende, sehr häufig verwendete Unterlage, etwas schwächer als Sämling, sehr standfest, mittlere Erträge und häufig kleinere Früchte, auch für schwere, feuchte Böden, aber starke Ausläuferbildung
- 'Wangenheims Frühzwetsche' – mittelstark wachsend, frosthart, früher Ertrag, sehr gute Fruchtqualität

Für Halb- und Hochstamm:

- GF 8/1 – stark wachsend, eignet sich auch für feuchte Böden und toleriert sogar Staunässe, gute Verträglichkeit mit allen Edelsorten

Pflaumen sind ausgesprochen blühfreudig. Im Frühjahr hüllen sich die Bäume in wahre Blütenwolken.

Blütenreich und selbstfruchtbar

Zwetschen und Pflaumen bilden unglaublich viele Blüten aus, doch weil diese viel kleiner sind als die der Kirschen und sich bei einigen Sorten zwischen dem sehr früh austreibenden Laub verstecken, wird der Zierwert der Bäume viel zu wenig beachtet. Nützlicher Nebeneffekt des bescheideneren Auftretens: Zwischen den jungen Blättern sind die empfindlichen Blüten geschützt und überstehen Spätfröste besser als die spät austreibenden Sorten.

Viele Sorten, wie die 'Bühler Frühzwetsche', die 'Hauszwetsche', 'Ortenauer' und die 'Nancy Mirabelle', sind ausreichend selbst-

Klein, aber fein: Pflaumenblüten duften zart nach Mandeln. Der Zierwert der Bäumchen wird häufig unterschätzt.

fruchtbar. Selbst dann, wenn mehrere Zwetschen- oder Pflaumenbäumchen gepflanzt werden, ist auf einen Vollertrag nicht immer Verlass. Denn gerade bei dieser Obstart gibt es einige recht unzuverlässige Bestäubersorten, deren Fähigkeit als Pollenspender von Jahr zu Jahr unterschiedlich ausgeprägt ist.

Zwetschenstrategie Blütenabwurf

Ein von den Kirschen bekanntes Phänomen tritt bei den Zwetschen und Pflaumen noch häufiger auf: Gleich nach der Blüte werfen die Bäume alle unbefruchteten Blüten und, einige Zeit später, auch viele junge Früchte ab. Dies ist nicht auf eine Krankheit oder schlechtes Wetter zurückzuführen, sondern gehört zur Strategie der Selbstregulierung des Fruchtbehangs und sichert die Blüte und Ernte im nächsten Jahr. Bei vielen neuen, hoch ertragreichen Sorten unterbleibt diese natürliche Fruchtausdünnung. Die Folge: Das gesunde Verhältnis zwischen Blättern und Früchten gerät aus den Fugen. Die Früchte bleiben deutlich kleiner und schmecken weniger aromatisch. Der Ertrag im nächsten Jahr fällt geringer aus, denn die Bäume drosseln daraufhin die Blütenbildung und sichern so ihr langfristiges Überleben.

Zwetschen- und Pflaumensorten (nach Reifezeit)

'Katinka'

Neuzüchtung aus Hohenheim mit hoch aromatischen, süßen Zwetschen, die sich leicht vom Stein lösen. Die Bäume wachsen mittelstark und tragen früh und reichlich. Reifezeit: Ende Juli bis Anfang August. Die Früchte eignen sich sehr gut zum Backen. Katinka ist selbstfruchtbar und widerstandsfähig gegen Viruserkrankungen (Scharka) und Spitzendürre (Monilia).

'Hanita'

Auch diese noch recht neue Sorte stammt aus Hohenheim. Sie reift ab Mitte August bis Anfang September. Die großen, kräftig blauen Zwetschen haben ein sehr harmonisches Zucker-Säure-Verhältnis und eignen sich hervorragend für den Frischverzehr. Die robuste 'Hanita' eignet sich auch für höhere Lagen, ist selbstfruchtbar und virustolerant. Allerdings lassen sich die Bäume wegen ihrer sparrigen Wuchsform nicht so gut formieren.

Die Zwetsche 'Hanita' hat eine stark »beduftete«, dunkelblaue Haut und goldgelbes, aromatisches Fruchtfleisch.

Reich tragend und robust: 'Wangenheims Frühzwetsche' liefert auch in Höhenlagen aromatische Früchte.

'Wangenheims Frühzwetsche'

Sehr alte, selbstfruchtbare Sorte (1837) mit mittelgroßen, rundlichen, dunkelblauen Früchten mit starker Bereifung und würzigem, sehr süßem Fruchtfleisch. Reifezeit: Ende August bis Anfang September. Die Bäume wachsen relativ stark und bilden als Halbstamm eine ausladende Krone. Selbst bei ungünstigem

Die Sorte 'Mirabelle von Nancy' schmeckt am besten, wenn sie kurz vor der Vollreife gepflückt wird.

Die anspruchslose 'Ontario-Pflaume' mit großen, goldgelben Früchte und süß-aromatischem Fruchtfleisch.

Reneklоden wie die bewährte 'Große Grüne Reneklode' sind wärmeliebend. Ausnahme: die robuste Sorte 'Oullins'.

Blühwetter und in rauen Lagen gibt es genügend Früchte. Auch für Höhenlagen zu empfehlen!

'Jojo'

Die erste und bisher einzige vollkommen scharkaresistente Zwetschenzüchtung! Die Früchte sind mittelgroß, dunkelviolett und stark bereift (beduftet). Das Fruchtfleisch löst sich gut vom Stein und überzeugt auch vom Geschmack, das volle Aroma entfaltet sich allerdings nur bei wirklich später Ernte, also nicht vor Ende September. Die Zwetschen können lange am Baum gelassen und nach Bedarf beerntet werden. Sehr gute Kuchenfrucht!

'Mirabelle von Nancy' (= 'Nancy Mirabelle')

Kleine, kugelige, sehr süße und aromatische Früchte mit gelber, sonnenseits geröteter Schale. Reifezeit: Mitte bis Ende August. Mehrmaliges Überpflücken ist empfehlenswert. Bei Überreife werden die Früchte leicht mehlig. Starker Wuchs mit überhängenden Zweigen.

'Ontario-Pflaume'

Wenig anspruchsvoll hinsichtlich Boden und Klima und kaum krankheitsanfällig. Die Früchte sind groß und rund mit goldgelbem, aromatischem Fruchtfleisch, das sich, wie bei fast allen Pflaumen, aber nur schwer vom Stein löst.

'Berudge'

Kleine, violette, zuckersüße Pflaume mit mittelstarkem Wuchs. Das Fruchtfleisch löst sich leicht vom Stein. Sehr reich tragend, aber nur für warme Lagen.

'Oullins Reneklode'

Die robuste und ertragreiche Sorte mit kräftigem Wuchs und breiter Krone eignet sich auch für raue Lagen. Große, runde Früchte mit gelbgrüner Schale und gelbem, leicht gewürztem Fleisch. Reifezeit: August.

Zwetschenkuchen vom Blech und Pflaumenmus aus dem Backofen gehören zu den Küchenklassikern.

Pflaumen pflücken

Es ist gar nicht leicht, bei der Ernte von Pflaumen, Zwetschen, Mirabellen und Renekloden den richtigen Zeitpunkt zu erwischen. Zu früh geernteten Früchten fehlt das sortentypische Aroma, außerdem sind sie noch ziemlich sauer. Pflückt man etwas zu spät, sind die Früchte zwar zuckersüß, aber meist etwas zu weich und weniger saftig. Bei den dunklen Pflaumen- und Zwetschensorten sollte man auf jeden Fall abwarten, bis jeder grüne Schimmer auf der Schale verschwunden ist, die Früchte aber noch fest und prall sind. Beim Pflücken – möglichst immer mit Stiel – sollten die Früchte so vorsichtig angefasst werden, dass der Duftfilm, also die schützende Wachsschicht, weitgehend erhalten bleibt.

Zum Einmachen und Einfrieren eignen sich die spät reifenden Zwetschensorten besser als Pflaumen und Renekloden oder Mirabellen.

Pfirsiche und Aprikosen

Pfirsiche und Aprikosen sind etwas ganz Besonderes, und das im doppelten Sinne: Sie gehören zu den feinsten Früchten überhaupt – und sie stellen enorme Ansprüche an Standort und Klima. In milden Lagen, in besonders geschützten Gärten oder am Spalier vor einer Wärme speichernden Wand kann man den Anbau trotzdem wagen. Der Hauptgrund dafür, das Risiko einzugehen: Nur am Baum ausgereifte Früchte entwickeln das unvergleichliche Aroma.
Selbst in den Hauptanbaugebieten sind die Chancen auf vollreife Früchte nur gering. Der größte Teil der Ware wird hart und noch grün gepflückt, damit sie maschinell sortiert und gebürstet werden können. Eine Nachreife erfolgt nur in geringem Maß, das Fruchtfleisch bleibt trocken, mit leicht gummiartigem Biss, der Geschmack ist entsprechend.

Die Pfirsichblüte kann man in warmen Lagen schon Anfang März bewundern. Auf spätfrostgefährdeten Standorten brauchen die Bäume einen geschützten Platz.

Der Sonne entgegen wächst dieser Pfirsichbaum. Er fühlt sich auf der Westseite des Hauses sichtlich unwohl.

Pfirsiche

Pfirsiche *(Prunus persica)* stammen nicht aus Persien, wie man lange Zeit glaubte, sondern aus China. Nur dort gibt es wild wachsende Pfirsichbäume mit kleinen Früchten, die nur wenig Fleisch und große Kerne haben, aber ganz hervorragend schmecken. Von dort kamen die Pfirsiche dann tatsächlich nach Persien. Ein Anbauversuch auf Rhodos und in Ägypten durch die Römer im 1. Jahrhundert n. Chr. scheiterte und längst ist klar, warum: Pfirsiche sind zwar ausgesprochen wärmebedürftig, brauchen aber eine winterliche Ruhezeit von mindestens zwei Monaten.

Standort

Eine kritische Standortbetrachtung ist also durchaus empfehlenswert. Ideal sind leicht sandige, aber nährstoffreiche und wasserdurchlässige Böden in windarmen Lagen mit trockener Luft. Schwere, lehmige Böden eignen sich nicht für den Pfirsichanbau, die Bäume leiden sehr früh unter Gummifluss und sind, wegen mangelhafter Holzreife, weniger winterhart. Strenge Winter mit länger anhaltenden tiefen Frösten verursachen ebenfalls Schäden am Holz und an den Blütenknospen und setzen die Lebenserwartung der Bäume deutlich herab. Ebenso frostempfindlich sind die bereits im März erscheinenden, je nach Sorte zart rosafarbenen oder roten glockenförmigen Blüten.

Pfirsichsorten

'Amsden'

Gelbweißer Pfirsich mit roter Schale und mittelgroßen Früchten. 'Amsden' stellt nur geringe Ansprüche an den Boden und ist auch sonst relativ robust und frostfest. Die Sorte eignet sich auch für rauere Lagen. Die Früchte schmecken mild und süß. Reifezeit: ab Ende Juli.

'Kernechter vom Vorgebirge' (= 'Roter Ellerstädter')

Mitte September reifender Weinbergpfirsich mit mittelgroßen Früchten und weißem, etwas grobfaserigem Fruchtfleisch. Recht frostharte Sorte für rauere Lagen. Bei reifen Pfirsichen lassen sich Haut und Stein leicht entfernen. Sehr gut zum Einmachen und für Konfitüre.

'Red Haven'

Sehr reich tragende, sehr bewährte, gelbfleischige Sorte aus den USA mit mittelstarkem Wuchs. Die Früchte werden mittelgroß und schmecken süßaromatisch. Das Fruchtfleisch

Weinbergpfirsiche wie der 'Rote Ellerstädter' sind recht robust. Die reifen Früchte müssen rasch verwertet werden.

löst sich leicht vom Stein. Reifezeit: Anfang bis Mitte August. Die Anfälligkeit für Blütenfröste ist gering (mittelfrühe Blüte), eine Fruchtausdünnung ist in vielen Jahren unbedingt erforderlich. Sehr gute Fruchqualität, aber leider anfällig für Kräuselkrankheit.

'Revita'

Neue robuste, gesunde und starkwüchsige, sehr widerstandsfähige Sorte. Die großen, auf der Sonnenseite tief dunkelroten Früchte reifen Mitte bis Ende August. Das cremeweiße Fruchtfleisch schmeckt süß und sehr aromatisch, die Steine lösen sich jedoch etwas schwerer. Mit den großen, rosaweißen Blüten ist 'Revita' ein sehr attraktives Zier- und Nutzgehölz.

Nektarinen stellen hohe Ansprüche an Standort und Pflege – also eigentlich nur für Liebhaber zu empfehlen!

Nektarinen

Nektarinen *(Prunus persica* var. *nucipersica)*, eine Unterart der Pfirsiche, mit glänzender, glatter Schale, sind noch wärmeliebender und außerdem hoch anfällig für Spitzendürre (Monilia) und die Kräuselkrankheit. Eine Kübelkultur mit Mini-Obstbäumchen ist bei entsprechendem Regenschutz und geeigneten Überwinterungsmöglichkeiten jedoch fast überall möglich.

Nektarinensorten

'Independence'

Die großen Früchte reifen ab Mitte August, die Schale ist beinahe rundum rot gefärbt, das gelborange, feste Fruchtfleisch schmeckt mild säuerlich und aromatisch. Wie alle Nektarinen eignet sich auch die ertragreiche 'Independence' nur für geschützte Lagen mit sehr guter Bodenqualität oder als Kübelobst.

Aprikosen

Aprikosen *(Prunus armeniaca)* gedeihen unter ganz ähnlichen Bedingungen wie die Pfirsiche. Ein Anbau in Gebieten mit hohen Sommerniederschlägen scheidet von vornherein aus, allerdings nicht wegen der damit verbundenen niedrigeren Jahresdurchschnittstemperatur, sondern weil die Bäume dort durch Pilzkrankheiten stark gefährdet sind. In warmen Weinbaulagen mit trockener Luft braucht man sich dagegen auch nicht an die Regel zu halten, dass Aprikosen über 200 Meter Meereshöhe nicht mehr gepflanzt werden sollten. Das beweisen die Aprikosenkulturen in den Alpentälern wie im Schweizer Wallis und im Vinschgau in Südtirol. Während der Vegetationsruhe ist die Frosthärte der Aprikosen recht hoch, sogar höher als die des Pfirsiches, vorausgesetzt, das Holz ist gut ausgereift. Problematisch sind Kälterückschläge im Nachwinter: Sie führen, vor allem nach vorangegangenen sehr milden Perioden, zu Rissen im Holz und in der Rinde und zerstören einen großen Teil der Blütenknospen. Wegen der hohen Anfälligkeit für Blütenfröste verlegt man den Anbau im Garten statt von sehr sonnigen Südlagen auf die Westseite des Hauses. Dadurch lässt sich der Austrieb und die Blüte um eine bis zwei Wochen verzögert, bis die schlimmsten Nachtfröste überstanden sind.

Erziehung und Unterlagen

Die traditionelle Erziehungsform für Pfirsiche ist die Hohlkrone mit drei bis vier Leitästen. Relativ neu ist die Spindelerziehung. Als Buschbaum oder Spindelbusch benötigen die Pfirsiche normalerweise etwa 4 bis 5 Meter Platz. Da ein scharfer Rückschnitt aber für die Blütenbildung sowieso nötig ist, lassen sich die Bäume auch kleiner halten.
Bei den Aprikosen ist noch immer die Rundkrone üblich, eine Erziehung als Buschbaum, formlose Hecke an einer Mauer oder als Flächenspaliergehölz gehört ebenfalls zu den bewährten Baumformen. Der von Natur aus unregelmäßige und sparrige Wuchs lässt sich dabei einfacher bändigen.
Als Unterlage eignen sich dieselben Typenauslesen wie bei den Pflaumen, am häufigsten findet man in den Baumschulen Veredelungen auf 'St. Julien A' oder auf arteigenen Sämlingsunterlagen.

Aprikosenblüten sind sehr frostempfindlich. Am Spalier an einer wärmenden Wand lassen sich auch in weniger idealen Lagen oft beachtliche Erträge erzielen.

Aprikosensorten

'Goldrich'

Neue Sorte aus den USA mit großen, gelben, festen Früchten. Im Geschmack würzig und süß. 'Goldrich' ist robust, wenig krankheitsanfällig und reift ab Anfang August.

'Luizet'

Eine ältere Sorte aus Frankreich mit großen, orangegelben Früchten und leicht schmelzendem, sehr aromatischem Fruchtfleisch. Reifezeit: Ende Juli bis Anfang August. Nur für warme Lagen und nährstoffreiche, durchlässige Böden.

Die aromatische 'Nancy-Aprikose' sollten nicht zu spät geerntet werden. Vollreife Früchte werden oft abgeworfen.

'Nancy-Aprikose'

Eine der ältesten und bekanntesten Sorten mit hohen Erträgen und kräftigem Wuchs. Die Früchte sind süß mit feiner Säure und schmecken sehr aromatisch. Auf der Sonnenseite verfärbt sich die Schale karminrot und ist mehr oder weniger geflammt oder gepunktet.

'Orangered'

Orangered ist eine der wenigen interessanten Frühsorten für den Hausgarten. Die Früchte reifen ab Anfang Juli, die Haut ist samtig-glatt, hellorange bis gelb, das Fruchtfleisch fest, sehr saftig und wohlschmeckend. Die Sorte wächst stark und gilt als relativ robust.

Befruchtung

Alle für den Garten empfohlenen Pfirsich- und Aprikosensorten sind selbstfruchtbar und benötigen keinen Pollenspender. Trotzdem kann die Befruchtung in einem kühlen Frühjahr nur mangelhaft ausfallen, weil zur Blütezeit noch viel zu wenig Bienen fliegen und an einem geschützten Platz auch auf die Windbestäubung kein Verlass ist. Hummeln sind zeitiger unterwegs und »arbeiten« bei ungemütlichem Frühjahrswetter. Ein warmes Frühjahr fördert den Fruchtansatz bei den Pfirsichen dagegen oft so stark, dass wiederum ein persönlicher Einsatz nötig wird. Unternimmt man nichts gegen den übermäßigen Behang, bleiben die einzelnen Früchte klein, werden pelzig und schmecken nur wenig aromatisch. Außerdem erschöpfen sich die Bäume schneller und altern vorzeitig. Beim Ausdünnen der kirschgroßen Jungfrüchte werden deshalb so viele entfernt, dass nur etwa alle 20 Zentimeter eine Frucht stehen bleibt.

Zwerg-Obstbäume

Für alle, die den Anbau im Garten mangels Wärme oder Bodenqualität nicht riskieren wollen,

Pfirsiche bilden so genannte falsche Fruchttriebe, also reine Blatttriebe (links), und wahre Fruchttriebe (rechts).

Nur paarweise angeordnete, dicke Knospen bilden Blüten. Aus einzelnen flachen Knospen sprießen nur Blätter.

erfüllen Mini-Obstbäume den Traum von eigenen Aprikosen und Pfirsichen. Sie müssen kaum beschnitten werden und erreichen maximal 1,50 Meter Höhe. Die Früchte werden ebenso groß wie bei den Gartensorten, und sie blühen im Frühjahr außerordentlich reich.

Bei regelmäßigem Rückschnitt und guter Pflege werden die attraktiven Topf-Pfirsichbäumchen über 12 Jahre alt. Die Früchte sind ebenso groß wie die der Gartensorten.

Ernte

Pfirsiche

Die Ernte der Pfirsiche kann sich, in Abhängigkeit von der Sorte, über mehrere Wochen hinziehen. Rotfleischige Weinbergpfirsiche reifen oft sehr schnell und sollten kurz vor der Vollreife gepflückt und verwertet werden. Anders als bei den Aprikosen lässt sich der Stein auch bei reifen Pfirsichen nicht immer leicht vom Fruchtfleisch trennen. Die Farbe der Pfirsichhaut sollte jedoch sortentypisch voll ausgeprägt sein. Das gilt auch für das je nach Sorte cremeweiße bis gelborange Fruchtfleisch.

Aprikosen

Das Fruchtfleisch voll ausgereifter Aprikosen löst sich restlos und sauber vom Stein, ist saftig und hoch aromatisch. Die Farbe kann dabei von hellem Gelb bis zu einem tiefen Orange ausgeprägt sein. Trockene, harte Früchte sind unreif. Saftigen, aber trotzdem geschmacklosen Aprikosen mangelte es während der Abreife an Wärme und Sonne, und sie haben zu viel Wasser eingelagert.

Verwendung

Pfirsiche und Aprikosen sind vor allem frisch ein Hochgenuss, sie schmecken aber auch auf dem Kuchen und als Kompott. Das gilt auch für Nektarinen, die von all denen bevorzugt werden, die allergisch auf die Pfirsichhärchen reagieren. Im Gegensatz zum Pfirsich lassen sie sich auch nach dem Blanchieren nur schlecht schälen.

Das berühmteste Pfirsichrezept »Pfirsich Melba« besteht aus einer äußerst leckeren Mischung von frischen, enthäuteten Pfirsichhälften, Vanilleeis, Schlagsahne und Himbeerpüree. Das bis heute in jeder Eisdiele servierte Dessert stammt vom Meisterkoch Escoffier, der es 1892 für die Opersängerin Nellie Melba anlässlich einer Lohengrin-Aufführung kreierte.

Beerenobst – einen ganzen Sommer lang genießen

Beeren sind das ideale Obst für alle Wochenend- und Hobbygärtner. Die meisten Arten brauchen nur wenig Pflege. Sie erfüllen somit das wichtigste Kriterium für alle, die der Meinung sind, dass Naschen nur dann so richtig Spaß macht, wenn dem Genuss nicht allzu viel Arbeit vorausgegangen ist.

Allein der Duft ist ein Versprechen. Frisch gepflückte Himbeeren sind ein unvergleichlicher Genuss.

Brombeeren, Himbeeren, Heidelbeeren und Erdbeeren gehören zu den Ausnahmen unter den Obstarten. Ihre Wildform ist nämlich geschmacklich kaum zu verbessern. Ganz im Gegenteil: Hinsichtlich Größe, Haltbarkeit und Erntezeitraum können die Züchter viele Erfolge verbuchen, das Aroma und den Geschmack der wilden Früchte zu erreichen ist bis heute nicht gelungen.

Himbeere – die aromatischste Beerenfrucht

Himbeeren wachsen wild in den lichten Wäldern, in Hecken und Gebüschen im mittleren und nördlichen Europa. Hier kennt man nur eine einzige Art, in Ostasien gibt es zweihundert, in Nordamerika immerhin noch drei bedeutsame und einige weniger bedeutende Wildarten. Die köstlichsten Himbeeren der Antike wuchsen am Berg Ida auf Kreta, das behauptete jedenfalls der griechische Gelehrte Plinius. *Rubus idaeus* ist bis heute die korrekte botanische Bezeichnung für die europäischen Himbeeren.

◀ Beeren gehören zu den gesündesten Früchten überhaupt und sie bringen einen ganzen Sommer lang reichlich Abwechslung auf den Tisch.

Sommer- und Herbsthimbeeren

Man unterscheidet zwischen einmal tragenden Sommerhimbeeren und den mehrmals tragenden Sorten. Die Mehrheit der Sorten gehört zur ersten Gruppe: Sie tragen nur im Sommer, zwischen Mitte Juni bis Ende Juli. Die Herbsthimbeeren, eine noch kleine, aber inzwischen immer beliebter werdende Gruppe, fruchten bereits an den im selben Jahr gebildeten Ruten.

Standort

Die Wärmeansprüche der Himbeeren sind gering, auch halbschattige Standort werden akzeptiert. Besonders günstig sind luftfeuchte, nicht allzu sonnige Lagen. Nur bei einer ausgeglichenen, regelmäßigen Wasserversorgung zwischen Austrieb und Ernte gibt es gute Erträge und qualitativ hochwertige Beeren. Bei trockenem Frühsommerwetter wachsen die Ruten nur schwach und der Fruchtansatz bleibt gering. Die im Frühjahr neu austreibenden Jungruten sind durch Spätfröste gefährdet.

Als Gerüst für alle Sommerhimbeeren genügt ein einfaches Drahtspalier mit Doppeldrähten im Abstand von etwa 50 cm.

Himbeeren wurzeln nur flach. Eine dicke Mulchschicht aus Reifkompost liefert wichtigen Humus und hält den Boden gleichmäßig feucht.

Himbeeren für Höhenlagen
Die meisten einmal tragenden Himbeersorten können bis in die Hochlagen (1400 Meter) angebaut werden, bei den kälteempfindlicheren Herbsthimbeeren ist bei 800 Metern Schluss mit der Himbeerkultur. Wichtig ist ein humusreicher, gut durchlüfteter lockerer Boden im eher sauren Bereich.

Blüte und Befruchtung
Die Himbeerblüte ist eine eher bescheidene Attraktion. Bei den Bienen sind die kleinen, weißen Blüten trotzdem beliebt. Himbeeren sind zwar ausreichend selbstfruchtbar, doch erhöht eine zweite Sorte den Ertrag und die Fruchtqualität.

Auch auf guten Himbeerböden sind die Pflanzen für eine ständige Bodenbedeckung mit Reifkompost, Stroh, angetrocknetem Rasenschnitt, Lauberde oder Strauchhäcksel dankbar. Am besten eignet sich eine Mischung aus verschiedenen Materialien.

Sorten

Die heute erhältlichen Himbeersorten haben verschiedene Eltern. Außer der Europäischen Himbeere bestimmen bei vielen Züchtungen auch die Amerikanische Himbeere *(Rubus strigosus)* und die Schwarze Himbeere *(Rubus occidentalis)* die Sorteneigenschaften. Bis auf wenige Ausnahmen sind die Triebe der meisten Sorten mit kleinen, geraden Stacheln besetzt. Die Verletzungsgefahr ist aber sehr viel geringer als bei den stark bestachelten Brombeeren.

Sommersorten (einmaltragend)

'Meeker'

Amerikanische Sorte mit mittelgroßen, leicht vom Zapfen lösenden, aromatischen Beeren, die auch in reifem Zustand lange an den Ruten bleiben. Guter, sicherer Ertrag. Reifezeit: Mitte bis Ende Juli. Sehr robuste Sorte.

'Glen Ampel'

Eine robuste, ertragreiche neuere Sorte mit großen, leuchtend roten, festen Früchten und hohen Erträgen. Die aufrecht wachsenden, stachellosen Ruten sind robust, auch die Fruchtfäule tritt eher selten auf. Reifezeit: ab Anfang Juli.

'Rubaca' (= 'Niniane')

Mittelspäte Himbeersorte mit dunkelroten, kleinen bis mittelgroßen sehr aromatischen Früchten, die sich leicht vom Zapfen lösen. 'Rubaca' reift ab Anfang Juli und schmeckt am besten frisch oder als Konfitüre. Nach dem Wiederauftauen verlieren eingefrorene Beeren viel Saft. Reifezeit: ab Mitte Juli.

'Rutrago' (= 'Rucanta')

Diese kräftig wachsende Sorte zeichnet sich besonders durch ihre Robustheit aus. Die Früchte haben ein ausgeprägtes Aroma und einen hohen Zucker- und Säuregehalt. Wegen der geringen Ansprüche an Klima und Boden eignet sich 'Rutrago' auch für den Anbau in höheren Lagen (Windschutz empfehlenswert). Die Beeren reifen ab Mitte Juli und lassen sich gut einfrieren.

'Schönemann'

Die Sorte wird seit über 50 Jahren angebaut. Die Früchte sind dunkelrot und reifen im Juli, also zur Haupthimbeerzeit. Die Ernte dauert bis in den August. Die Beeren sind aromatisch und in der Vollreife sehr süß. Trotz der Anfälligkeit für typische Himbeerkrankheiten eine immer noch häufig empfohlene, sehr ertragreiche Sorte.

Mit einer geeigneten Mischung aus frühen, mittelfrühen und späten Sorten gibt es von Juni bis zum Herbst immer etwas zu Naschen.

Die festen, dunkelroten Beeren von 'Meeker' schmecken sehr aromatisch und verlieren nach der Ernte kaum Saft.

Die kleinen bis mittelgroßen Beeren von 'Rubaca' eignen sich für den Frischverzehr und für fruchtige-süße Marmelade.

'Schönemann', eine der bekanntesten Himbeersorten, hat lange, kegelförmige Früchte und liefert sehr hohe Erträge.

Herbsthimbeere 'Autumn Bliss' (oben) reift ab Mitte August. Die Ernte dauert bis zum ersten Frost. Die ersten goldgelben Früchte von 'Golden Queen' (unten) kann man schon im Juli pflücken.

'Tulameen'

Die kanadische Sorte 'Tulameen' zeichnet sich durch eine hervorragende Fruchtqualität aus. Die länglichen, süßen und aromatischen Beeren sind fest, groß und leuchtend rot gefärbt. Die Ruten sind lang, sehr kräftig und haben keine Stacheln. 'Tulameen' ist sehr widerstandsfähig und eignet sich auch für Höhenlagen, braucht aber gute Böden für ein optimales Wurzelwachstum. Reifezeit: ab Mitte Juli.

Herbstsorten

'Autumn Bliss' (= 'Blissy', 'Herbstwonne')

Die erste und inzwischen bewährte Herbstsorte wächst mittelstark, als Stütze genügen zwei Spanndrähte oder ein quer gespanntes Knotengitter. Bei ausschließlicher Herbsternte mit anschließendem Abschneiden aller Ruten ist. Die Früchte sind groß bis sehr groß, dunkelrot und leicht aromatisch. Die Erntezeit beginnt im August und endet mit dem ersten Frost.

'Himbo-Top'

Auch in der Vollreife sind die großen Beeren leuchtend rot gefärbt und »verblauen« nicht, wie die meisten anderen Herbsthimbeeren. Auch im Geschmack kommt 'Himbo-Top' den Sommerhimbeeren ziemlich nahe und überzeugt mit ausgeprägtem Aroma. Die Beeren reifen ab Anfang August.

'Golden Queen'

Eine Liebhabersorte aus den USA mit goldgelben Beeren und starkem Aroma. Die kleinen bis mittelgroßen Früchte lösen sich leicht vom Zapfen und sind gut pflückbar, aber sie faulen leicht. Reifezeit: ab Mitte Juli.

Ernte

Himbeeren sind extrem druckempfindlich und lassen sich

Krümelige Himbeeren

Ein häufig auftretendes Phänomen ist die so genannte Krümelfrüchtigkeit. Dabei haben die einzelnen Steinfrüchte keinen festen Zusammenhalt, sondern fallen beim Pflücken auseinander. Die Früchte sind klein und sortenuntypisch geformt. Krümelfrüchte entstehen vor allem dann, wenn keine weitere Himbeersorte in der Nähe steht und die Sträucher auf Selbstbestäubung angewiesen sind.

nach der Ernte kaum noch aufbewahren. Schon nach kurzer Zeit verlieren sie ihren Glanz, werden blasser und bauen Zucker ab. Überlagerte Beeren beginnen zu gären!

Taybeere (= Tayberrie)

Bei den Taybeeren handelt es sich um eine ausgesprochen reich tragende Kreuzung aus Himbeeren und Brombeeren mit mit 3,5 bis 4 cm langen, konischen Früchten, die in der Vollreife, Ende Juli, kräftig aromatisch schmecken, davor aber ziemlich sauer sind.

Brombeeren

Brombeeren reifen über eine lange Zeit und gerade das macht sie für den Garten so wertvoll. Mindestens acht lange Wochen entdeckt man beinahe täglich erneut süße, dunkle Beeren zum Sofortessen oder für köstliches Brombeerkompott und fruchtige Marmelade.

Brombeeren bevorzugen einen warmen, windgeschützten Standort. Die weißen, manchmal auch rosafarbenen Blüten erscheinen zwischen Juni und August.

Formenreiche Waldbrombeere

Die ursprüngliche Heimat der Brombeeren sind die Wälder Nordamerikas und Eurasiens. *Rubus fruticosus,* die Echte Brombeere, ist eine sehr formenreiche Sammelart mit zahlreichen Sippen, Kleinarten und Bastarden. An der Entstehung der Gartenbrombeere sind mindestens 16 verschiedene, auch für Experten nur schwer zu unterscheidende Wildarten beteiligt. Am beliebtesten sind Brombeeren in Deutschland und in England – in Frankreich bezeichnet man sie als »mûre sauvage«, als Wilde Maulbeere, und verschmäht sie meist!

Standort

Brombeeren wurzeln nur flach und entwickeln sich am besten

Brombeeren zieht man am Drahtspalier. Eine dicke Mulchschicht schützt die Wurzeln und unterdrückt Unkrautwuchs.

auf wärmeren, sonnigen Standorten. Besonders günstig sind mittelschwere, wasserdurchlässige Böden mit viel Humus. Die Ruten und Wurzelstöcke reagieren empfindlich auf strenge Winterfröste. In stark frostgefährdeten Gebieten bindet man die Jungtriebe im Herbst deshalb nicht hoch, sondern lässt sie nahe am Boden liegen und deckt sie mit Reisig ab. Bei aufrecht wachsenden Spalierbrombeeren kann der obere Teil der Ruten durch eingebundenes Tannen- oder Fichtenreisig geschützt werden.

Wie die Himbeeren sind auch Brombeeren für eine ständige Bodenbedeckung dankbar. Stickstoffreiche Materialien wie Rohkompost, Rasenschnitt oder mit Rinder- oder Pferdemist vermischter Reifkompost sorgen für sehr hohe Erträge und ermöglichen den Anbau auch auf Böden mit hohem Sandanteil. Nicht geeignet ist frischer Rindenmulch!

Frühjahrspflanzung bevorzugt

Bei der Pflanzung unterscheiden sich die Brombeeren von anderen Strauchbeeren. Weil das Holz der Triebe bis zum Herbst nicht genügend ausgereift, also winterfest ist, setzt man die gut bewurzelten Jungpflanzen nach den letzten Frösten ab April bis Mitte Juni.

Sorten

Die verschiedenen Brombeersorten unterscheiden sich vor allem im Wuchs und im Geschmack. Stacheln muss man nicht mehr akzeptieren. Den ersten stachellosen Sorten, wie zum Beispiel 'Thornless Evergreen' oder 'Thornfree', fehlte das typische Brombeeraroma. Inzwischen sind aber mehrere stachellose Brombeeren auf dem Markt, die auch im Geschmack überzeugen.

'Black Satin'

Die Beeren reifen ab Anfang August bis Mitte Oktober, sie sind groß, glänzend schwarz, haben eine empfindliche, zarte Haut und ein gutes Aroma. Die Sorte wächst sehr stark und bildet lange, stachellose Ruten, ist aber leider etwas krankheitsanfällig.

'Chester Thornless'

Eine stachellose, rankende Sorte aus Nordamerika mit großen, aromatischen, festen Früchten und hohen Erträgen. Nur für warme Regionen, in höheren oder rauen Lagen reifen im Herbst nicht mehr alle Früchte aus. Erntebeginn: Mitte bis Ende August.

'Choctaw'

Eine sehr empfehlenswerte, aber frostempfindliche frühe Sorte für wärmere Lagen. Die Früchte reifen ab Mitte Juli und haben einen hervorragenden Geschmack. Die Triebe sind sehr stark bewehrt. Wegen der aufrechten Wuchsform eignet sich

'Choctaw' für die Engpflanzung (Fächerspalier) mit nur 1 bis 1,25 Meter Abstand.

'Loch Ness' (= 'Nessy')

Dass es sich bei dieser neueren, dornenlosen Sorte um eine schottische Züchtung handelt, ist unschwer zu erraten. 'Loch Ness' wächst aufrecht und nur mittelstark und gilt als äußerst robust und pflegeleicht. Die Beeren reifen sehr früh, die Ernte beginnt bereits Mitte Juli. Die auffallend großen, länglichen Früchte sind sehr süß und aromatisch und verlieren nach der Ernte kaum Saft.

'Navaho' (= 'Navajo')

'Navaho' stammt aus den USA, der Wuchs ist stark und aufrecht. Auf guten Böden liefert die Sorte hohe Erträge. Sie ist sehr widerstandsfähig gegen Krankheiten und ziemlich frostresistent. Die großen, glänzenden, leicht unregelmäßig geformten Früchte sind fest, mild süß und noch aromatischer als die von Loch Ness. Die Sorte neigt zum Nachblühen und liefert in milden Lagen im Oktober eine weitere, wenn auch viel kleinere Ernte. 'Navaho' eignet sich auch für die Dichtpflanzung.

'Theodor Reimers'

Nach wie vor die Spitzensorte für den Brombeeranbau im Garten. Wegen der stark bestachelten, bis zu 4 m langen Triebe aber nur für unerschrockene Brombeer-Liebhaber geeignet. Die kugeligen, saftreichen Früchte schmecken süß mit sehr kräftigem Brombeeraroma – und das bei einem bemerkenswert hohen Ertrag. Die Ernte beginnt Ende Juli und dauert bis Mitte September. Vollreife Früchte sind sehr weich und verlieren reichlich Saft. Die über 100 Jahre alte Sorte stellt keine besonderen Ansprüche an den Boden, ist aber sonst eher empfindlich.

Ernte

Brombeeren sind eine Köstlichkeit zum Rohessen, am besten frisch gepflückt, ohne langen Umweg durch die Küche. Will man sie nach der Ernte noch für kurze Zeit aufbewahren, müssen sie sofort gekühlt werden. Wichtig ist, dass die Beeren wirklich voll ausgereift sind, denn erst dann erreichen sie ihr Optimum an wertvollen Inhaltsstoffen und ihr einmaliges, art- und sortentypisches Aroma. Reife Beeren geben bei leichtem Druck etwas nach und lösen sich ganz leicht von den Trieben. Anders als bei den Himbeeren bleibt dabei der Blütenboden in der Frucht und wird einfach mitgegessen.

Die dornenlose Sorte 'Loch Ness' oder 'Nessy' hat feste, süß-säuerliche Früchte, die sich sehr gut zum Einfrieren eignen.

Die gute alte 'Theodor Reimers' hat an Beliebtheit nichts eingebüßt. Einziger Nachteil: die vielen, vielen Stacheln!

Johannisbeeren

Rote und Schwarze Johannisbeeren sind aus den alten Bauerngärten nicht wegzudenken, sie brachten im Winter Abwechslung in die oft karge, vitaminarme Kost. Die Früchte werden nicht nur für den Frischverzehr geschätzt, sondern auch heute noch vor allem zu Marmelade, Kompott, Saft und Sirup verarbeitet. Auch bei den Johannisbeeren sind mehrere Wildarten an der Entstehung der Kultursorten beteiligt. Von *Ribes rubrum,* den Roten Johannisbeeren, gibt es auch rosafarbene oder weiße Auslesen.
Schwarze Johannisbeeren *(Ribes nigrum)* enthalten mehr Vitamin C als Zitronen und sind unter gesundheitlichen Aspekten mit das wertvollste Beerenobst. Doch nicht alle Beerenliebhaber können sich mit dem ungewöhnlichen, für die Sträucher typischen Duft und dem herben Aroma anfreunden.

Bei den Schwarzen Johannisbeeren gibt es einige Sorten, die nur bei einer Befruchtung durch fremde Pollenspender nennenswerte Erträge liefern oder sogar fast völlig selbststeril sind.

Rote Johannisbeeren reifen auch im lichten Schatten. Frühsorten können bereits um Johanni, also Mitte Juni, geerntet werden, Spätsorten pflückt man ab Ende Juli.

Standort

Johannisbeeren sind in Mittel- und Osteuropa heimisch und können bei uns ohne große Einschränkungen überall angebaut werden. Sie stellen kaum Anforderungen an den Standort, nur staunasse Böden vertragen die Sträucher nicht. Auch halbschattige Plätze werden akzeptiert und selbst zwischen größeren Obstbäumen liefern Johannisbeeren auf humusreicher Erde noch genügend Früchte. Anders als an Südhängen, wo die Sträucher oft viel zu früh blühen, verzögert sich hier die Blüte im Frühjahr und Spätfröste können weniger Schaden anrichten.

Pflanzt man Johannisbeeren auf die Westseite des Hauses, ist ein Windschutz zu empfehlen. An warmen Sommertagen müssen Johannisbeeren, die vor allem auf leichteren Böden wachsen, gut gewässert werden. Eine Mulchschicht aus Kompost schützt die Erde vor dem Austrocknen, fördert die Humusbildung und unterdrückt aufkeimendes Unkraut. Weil die Sträucher nur flach wurzeln, ist bei der Bodenbearbeitung, also auch beim Hacken und Jäten, Vorsicht geboten.

Befruchtung

Johannisbeeren blühen im April, späte Sorten erst im Mai. Rote

Johannisbeeren sind selbstfruchtbar, tragen aber zuverlässiger und reicher, wenn mindestens zwei verschiedene Sorten gepflanzt werden. Auch bei allen sonst ausreichend selbstfruchtbaren Züchtungen kann es zu Ernteausfällen kommen, weil die Blüten in manchen Jahren sehr ungleichmäßig aufblühen. Die Folge sind kleine Beeren mit sehr wenig Samenkernen.

Busch oder Stämmchen?

Rote Johannisbeeren gibt es nicht nur als Busch, sondern auch als Hochstämmchen mit etwa 80 bis 90 cm Stammhöhe oder als Fußstamm mit 40 bis 50 cm Höhe. Büsche sind immer unveredelt, bei den Stämmchen wird die Edelsorte auf den Stamm der Goldjohannisbeere *(Ribes aureum)* gepfropft. Hochstämmchen verlangen einen sehr guten Boden, einen fachgerechten Schnitt und sie sollten auch sonst intensiver gepflegt werden. Stämmchen müssen grundsätzlich mit Pfahl gepflanzt werden. Auch wenn all dies berücksichtigt wird, ist die Krone windbruchgefährdet und die Sträucher vergreisen viel schneller als die wüchsigen Buschformen.

Lange Rispen, süße Beeren

Viele große Beeren mit wenig Säure an besonders langen Rispen – so sollte die ideale Johannisbeere aussehen. Und tatsächlich kommen sich Wunsch und Wirklichkeit bei vielen Sorten ziemlich nahe. In Gegenden mit Spätfrostgefahr sollte man auf die Frühsorten grundsätzlich verzichten und auf mittelspäte oder späte Sorten ausweichen. Überall dort, wo diese Gefahr nicht besteht, lohnen sich ein oder zwei Sorten, die bereits um Johanni, also Mitte Juni, reife Früchte tragen. Dies ermöglicht eine Staffelung der Ernte bis in den August.

Rote Johannisbeeren

'Rosetta'

Die großen Beeren von 'Rosetta' reifen an sehr langen Trauben und bleiben auch in der Vollreife (Mitte Juli) rosarot. Der Ertrag ist hoch und sehr regelmäßig. Die Beeren eignen sich am besten für den Frischverzehr, für Saft oder Marmelade bevorzugt man Sorten mit stärker ausgeprägtem Aroma. 'Rosetta' eignet sich für geschützte, warme und sonnige Lagen und kommt auch für die Heckenerziehung in Frage.

Wenn die Ernte »verrieselt«
Als Verrieseln bezeichnet man das Abwerfen der winzigen, jungen Beeren kurz nach der Blüte. Schuld ist eine gestörte Samenentwicklung durch ungenügende Bestäubung, ebenso Spätfröste, kühle und nasse Witterung oder Wassermangel.

Gleich bleibend hohe Erträge gibt es bei den Johannisbeeren nur, wenn die Sträucher laufend verjüngt werden.

'Rosetta' hat rosafarbene bis zart hellrot gefärbte Früchte. Die langen Trauben erleichtern das Pflücken.

'Rovada' ist eine bewährte Gartensorte mit spätem Erntetermin und ausgeprägtem, typischem Johannisbeeraroma.

'Rolan'

Mittelfrüh reifende Sorte mit großen, kaum regenempfindlichen Früchten mit einem angenehmen Zucker-Säure-Verhältnis und viel Aroma. Neigt nur wenig zum Verrieseln. Reifezeit: Mitte bis Ende Juli. 'Rolan' eignet sich besonders für den Frischverzehr. Starkwachsend und kaum krankheitsanfällig.

'Rovada'

Eine bewährte, spät blühende Sorte mit sehr großen, fruchtig-aromatischen Beeren an langen Rispen. Die Ernte dauert von Ende Juli bis Anfang August. Die Beeren sind am Strauch lange haltbar. Die mäßig bis mittelstark, aufrecht wachsenden Sträucher eignen sich auch für eine Erziehung als Johannisbeerhecke. Hervorragend für Frischverzehr und für Gelee oder Saft – leider sind die Beeren nicht ganz platzfest.

Weiße Johannisbeeren

'Weiße Versailler'

Eine früh blühende Liebhabersorte für windgeschützte, warme, sonnige Lagen und tiefgründige, humose Böden. Die langen Trauben tragen mittelgroße, sehr aromatische, süße, weiße, durchsichtige Beeren. Reifezeit: Anfang bis Mitte Juli. In Spätfrostlagen neigt die Sorte zum Verrieseln und ist anfälliger für Blattkrankheiten. Robustere, aber etwas weniger aromatische, weiße Neuzüchtungen: 'Blanka' und 'Primus'.

'Primus'

Eine neuere Züchtung mit feinem Aroma, mildem Geschmack und regelmäßigen, hohen Erträgen. Lange Trauben mit großen, platzfesten Beeren für Frischverzehr und Verarbeitung. Primus reift ab Anfang Juli und neigt kaum zum Verrieseln der Blüten. Robust und pflegeleicht.

Schwarze Johannisbeeren

'Cassia'

Eine ganz neue Schwarze-Johannisbeer-Sorte mit intensivem Aroma und hohem Vitamin-C-Gehalt. Die Trauben sind nur mittellang, tragen aber sehr große Beeren zwischen hellgrünem Laub. Reifezeit: ab Mitte Juli. 'Cassia' wächst stark, ist robust und sehr widerstandsfähig gegen Mehltau.

Weiße Johannisbeeren wie 'Weiße Versailler' mit ihren durchsichtigen Beeren haben weniger Fruchtsäure als die roten Sorten.

Die Schwarze Johannisbeere 'Ometa' gehört zu den geschmacklich besten Sorten und ist dazu noch sehr robust und pflegeleicht.

'Ometa' (= 'Dr. Bauer's Ometa')

Bei ausreichender Bodenfeuchtigkeit und guter Nährstoffversorgung ist die Sorte sehr fruchtbar und pflegeleicht. Die mittelgroßen, festen, süß-säuerlichen Beeren sitzen an langen Trauben. Reifezeit: Ende Juli. Gut geeignet für Frischverzehr, Saft und Gelee. Die Sorte wächst breitbuschig und eignet sich auch für Heckenerziehung. Kaum spätfrostgefährdet.

Vitaminschub durch Johannisbeeren

Der Vitamin-C-Gehalt der Schwarzen Johannisbeeren liegt mit 150 bis 300 mg pro 100 Gramm Beeren höher als derjenige der meisten anderen Obstarten. Außergewöhnlich hoch ist auch der Anteil der Mineralien, vor allem Kalium und Eisen.

'Tsema'

Die großen Beeren an langen Trauben haben ein gutes Aroma und einen sehr hohen Vitamin-C-Gehalt. Die gut greifbaren Stiele erleichtern das Pflücken, die Trauben reifen gleichmäßig ab. Reifezeit: Anfang bis Mitte Juli. Sehr hohe und regelmäßige Erträge ohne Verrieselung. Trotz der leichten Anfälligkeit für Blattkrankheiten für den Hausgarten uneingeschränkt zu empfehlen. Auch für Höhenlagen geeignet.

Ernte und Verwendung

Wenn Johannisbeeren unangenehm sauer schmecken, liegt das nur daran, dass sie viel zu früh gepflückt wurden. Vollreife Johannisbeeren sind eine kulinarische Köstlichkeit und gerade im Sommer so herrlich erfrischend wie kaum eine andere Obstart.

Johannisbeeren sind nach der Ernte nur für sehr kurze Zeit haltbar. Man pflückt die Beeren immer mit den Rispen und wäscht sie, bevor die Beeren (kurz vor der Verwendung!) von den Stielen abgestreift werden. Will man sie noch aufbewahren, sollten die ganzen Trauben möglichst schnell gekühlt werden.

Beeren sind schnell eingekocht. Gewaschen werden die Früchte vor dem Abzupfen der Stiele oder Kelchblätter.

Jostabeeren entstanden aus einer Kreuzung zwischen Schwarzen Johannisbeeren und Stachelbeeren.

Jostabeeren

Robuste Jostabeeren

Anders als bei den Johannisbeeren gibt bei den Jostabeeren keine wilde Art. *Ribes × nidigrolaria* ist ein durch Mehrfachkreuzung entstandener Mischling (Arthybride) und kann nur über Sämlinge vermehrt werden. Die noch recht junge Beerensorte entstand aus Schwarzer Johannisbeere, Garten-Stachelbeere und der wilden Oregon-Stachelbeere *(Ribes divaricarium)*. Daraus ging eine völlig neue Obstart hervor, welche die Eigenschaften von Stachelbeeren und Schwarzen Johannisbeeren vereint – die robuste, stachellose und starkwüchsige schwarze Jostabeere.

'Jogranda'

Die Sträucher wachsen breitbuschig mit leicht überhängenden Zweigen und haben sich als sehr widerstandsfähig erwiesen.
Die Beeren sind rundlich bis elliptisch, schwarzrot und weich und mild aromatisch. Bei Vollreife neigen sie zum Platzen.
Die Ernte zieht sich von Anfang bis Mitte Juli hin.

'Jonova' (= 'Dr. Bauer's Jonova')

Die bisher einzige weinrote Jostabeere mit großen, glänzenden Früchten und sehr hohem Vitamin-C-Gehalt. Sehr gut für Frischverzehr. Alle Beeren reifen gleichzeitig ab. Reifezeit: Anfang bis Ende Juli. 'Jonova' wächst aufrecht und ist sehr robust und widerstandsfähig gegen die häufigsten Johannisbeerkrankheiten.

'Jostine' (= 'Dr. Bauer's Jostine')

Klassische Jostabeere mit schwarzroten, mittelgroßen Beeren, kräftiger Säure und mittlerem Geschmack. Die Beeren reifen ab Mitte Juli. Die Sträucher wachsen straff aufrecht, sie sind ausgesprochen robust und nur wenig krankheitsanfällig.

Stachelbeeren

Noch vor ein paar Jahren schien es, als würden die heimischen Stachelbeeren von anderen Obstarten verdrängt. Nun kommen sie dank verbesserter Sorten mit süßen, aromatischen Früchten zu neuen Ehren im Garten. Zu Recht — denn wer könnte je an einem Stachelbeerstrauch vorübergehen, ohne rasch ein paar Früchte zu probieren, egal, ob sie noch »ungesund«, also grün, hart und sauer, oder schon so reif und weich sind, dass man das süße Fruchtfleisch mit der Zunge genüsslich aus der dünnen Haut drücken kann.

Grünreif auf den Markt

Die Wildform von *Ribes uva-crispa* stammt aus Eurasien und wird seit dem 16. Jahrhundert, zum Teil unter Einkreuzung amerikanischer Sorten, bei uns kultiviert. Aus den wenigen größeren Anbaugebieten gehen die Beeren »grünreif« an die Obstgroßmärkte in ganz Deutschland: Ausgereifte Stachelbeeren sind transportuntauglich.
Wer in den vollen Genuss der leckeren Früchte kommen will, muss selbst ein paar Sträucher

pflanzen. Dass das nur noch selten geschieht, liegt nicht an den vielen spitzen Dornen, den Unmut der Hobbygärtner zogen sich die Stachelbeeren deshalb zu, weil die Sträucher häufig und oft sehr massiv von Mehltau befallen wurden. Der Pilz überzieht die Triebspitzen mit einem filzig-weißen Belag und verursacht braune Flecken auf den dann ungenießbaren Beeren. Inzwischen gibt es aber einige Sorten, die weitgehend resistent gegen die Krankheit sind. Und im Hinblick auf das Aroma können die neueren Züchtungen durchaus mit den alten Sorten konkurrieren.

Stachelbeersträucher sind ziemlich robust. Der Erntetermin ist Geschmackssache: Die vollreifen Beeren sind weich und süß, grünreif geerntete Früchte sind ziemlich sauer.

Standortansprüche

Stachelbeeren stellen ebenso wenig Ansprüche an der Standort wie die Johannisbeeren, aber auch sie wurzeln nur flach und wachsen deshalb besser auf mäßig feuchten, nährstoff- und humusreichen, kalkhaltigen Böden. Trockene, sandige Erde sollte vor der Pflanzung mit reichlich Kompost verbessert werden.

Eine ganzjährige Mulchschicht aus Stroh, angetrocknetem Rasenschnitt oder anderen Pflanzenresten ist ideal, vor allem wenn sie während der Vegetationsperiode immer wieder erneuert wird. Zwar sind die Beeren von Sträuchern, die in der vollen Sonne reifen, herrlich süß, die empfindliche Fruchtschale neigt aber zu Sonnenbrand. Deshalb pflanzt man die Sträucher am besten zwischen andere Beeren oder in den leichten Schatten nahe stehender Bäume.

Befruchtung

Stachelbeeren sind Selbstbefruchter. Zum Naschen reicht

Stachelbeeren haben keine Stacheln, sondern Dornen. Unbedornte Sorten sind selten, bei den meisten ist das Aroma nicht sehr ausgeprägt.

Bei Stachelbeerstämmchen ist die Pflege viel einfacher. Das gilt auch für das Naschen im Vorübergehen.

Im Gegensatz zu Stacheln sind echte Dornen mit dem Holz verwachsen – der Schmerz bei Verletzungen ist derselbe!

ein Stämmchen aus. Pflanzt man zwei oder mehr Stachelbeersträucher und wählt dabei verschiedene Sorten mit annähernd gleicher Blütezeit, ist die Befruchtung aber besser und der Ertrag pro Strauch deutlich höher.

Unterlagen

Für den Garten werden Stachelbeeren als Sträucher, vor allem aber als Hochstämmchen oder als Fußstämmchen angeboten. Wie bei den Johannisbeeren werden die Edelsorten dabei auf die Goldjohannisbeere veredelt. Die Stämmchen brauchen zeitlebens einen stabilen Pflanzstab, der in die Krone hineinragen muss. Die weit oben liegende Veredelungsstelle und die Krone sind ziemlich bruchgefährdet, beide müssen also gut festgebunden werden. Anders als bei den Johannisbeeren stehen die deutlich erleichterte Pflege und Ernte bei den Stachelbeeren im Vordergrund: Deshalb wird man sich trotz weiterer Nachteile – auch die Stachelbeerstämmchen vergreisen schneller und die Goldjohannisbeer-Unterlage neigt bei Überdüngung zu Stamanschwellungen (Wassersucht) – für die Stämmchen entscheiden.

Sorten

Die meisten alten Stachelbeersorten stammen aus England, dem Land, das von jeher eine besondere Liebe zu diesem Beerenobst entwickelte. Neue, mehltaufeste Sorten kommen auch aus Finnland und Deutschland.

'Hinnonmäki gelb'

'Hinnonmäki' kommt aus Finnland und trägt gelbe, wenig behaarte Früchte mit angenehmem Geschmack, aber nur mittlerem Aroma. Die Mehltauanfälligkeit ist sehr gering, der Wuchs ist mittelstark und die Triebe wachsen leicht überhängend. Die Sorte reift ab Mitte Juli. Die Beeren neigen kaum zum Platzen und halten sich gut am Strauch. Von 'Hinnomäki' gibt es auch eine Züchtung mit grünen oder mit roten, besonders Vitamin-C-reichen Früchten.

'Invicta'

'Invicta' ist eine neuere englische Züchtung mit breitbuschigem Wuchs. Die Sorte ist sehr robust, aber nur bedingt mehltauresistent. Die Triebe sind stark bedornt! Die Sorte eignet sich nur für nährstoffreiche Böden mit

Von der häufig angebotenen Sorte 'Hinnonmäki' gibt es außer der gelben auch eine Gartenauslese mit grünen oder roten Beeren.

'Rokula' gehört zu den widerstandsfähigsten und geschmacklich am besten bewerteten Sorten für den Hobbyanbau.

guter Wasserversorgung. Die Beeren reifen mittelfrüh, sie sind groß, hellgrün, fein säuerlich und aromatisch. Nach starken Regenfällen neigen sie zum Platzen. Unbedingt erforderlich ist ein regelmäßiger, starker Rückschnitt, sonst gibt es nur kleine Beeren.

'Pax'

Endlich – eine neue, nahezu stachellose Sorte mit großen, ovalen bis rundlichen, dunkelroten, aromatischen, nur leicht behaarten Beeren und hohen Erträgen. Der Wuchs ist kräftig und aufrecht, die Sträucher sind robust und kaum mehltauanfällig. Reifezeit: ab Anfang Juli.

'Rexrot'

Eine neue, mehltaufeste und mittelspät bis spät blühende Sorte mit mittelstarkem, aufrechtem Wuchs. Die Beeren sind groß, kugelrund und auf der Sonnenseite dunkelrot gefärbt. Reifezeit: ab Mitte Juli. Die Früchte sind aromatisch und angenehm süß-säuerlich. Der Ertrag ist hoch und regelmäßig.

'Rokula' (= 'Dr. Bauer's Rokula')

Die mittelgroßen, roten, glattschaligen, dunkelroten Beeren haben einen sehr guten Geschmack. Sie reifen bereits ab Ende Juni, neigen aber in der Vollreife zum Platzen. Die Anfälligkeit für Stachelbeermehltau und Blattfallkrankheit ist gering. Nicht für spätfrostgefährdete Lagen!

'Redeva' (= 'Rote Eva')

Eine mittelfrühe, mehltaufeste Sorte mit kleinen, braunroten, zuckersüßen Beeren. Sehr guter Geschmack, ausgeprägtes Aroma, geringe Mehltauanfälligkeit und dazu auch noch mit wenig Stacheln und hohen Erträgen. Reifezeit: Anfang Juli bis Anfang August.

Ernte und Verwertung

Reife, frisch geerntete Stachelbeeren sind eine Delikatesse. Der selbst gepresste Beerensaft, eventuell gemischt mit Mineralwasser und mit etwas Zitrone und Ingwer gewürzt, ist ein köstlicher und gesunder Durstlöscher. Stachelbeeren eignen sich nicht besonders gut

Einige rote Stachelbeersorten verfärben sich beim Erhitzen braun! Darunter leidet weder der gesundheitliche Wert noch der Geschmack.

Frisch geerntete Stachelbeeren schmecken nicht nur auf dem Kuchen, sondern auch in einer pikanten Soße.

zum Einfrieren. Dabei verlieren sie einen großen Teil ihres Geschmacks. Dafür kommen sie besser für Kompott, Konfitüre oder Gelee, außerdem für Kuchen und Torten in Frage. Feinschmecker schätzen englische Stachelbeer-Minz-Soße zu gegrilltem Fisch oder Lamm. Unbedingt probieren: Stachelbeer-Chutney! So vielseitig die Beeren zu verwenden sind, mit anderen Früchten mischen sollte man sie nicht. Ob in der von sparsamen Hausfrauen erfundenen »Dreifruchtmarmelade« oder in der roten Grütze, das feine Aroma der Stachelbeeren verflüchtigt sich in Konkurrenz mit anderen Früchten ebenso dramatisch wie das des Spargels im Leipziger Allerlei. Vom frischen, fruchtigen Geschmack bleibt nur noch ein Hauch.

Heidelbeeren und Preiselbeeren

Lange galt der Anbau von Heidelbeeren und Preiselbeeren als Liebhaberei oder Sache von Profis. Nun gibt es neue Sorten, die sich auch für den Hobbyanbau eignen und sogar im Topf gezogen werden können.

Heidelbeeren

Mit den heimischen Waldheidelbeeren *(Vaccinum myrtillus)* haben die Kulturheidelbeeren *(Vaccinium corymbosum)* wenig gemeinsam – sie gehören zwar beide zur Gattung der Erikagewächse, unterscheiden sich jedoch in der Art. Kulturheidelbeeren werden je nach Sorte bis zu 2 Metern hoch. Naschkatzen, die sich heimlich über das Heidelbeerkompott aus den mühsam gesammelten wild wachsenden Beeren hermachen, verraten sich selbst durch tiefblau gefärbte Lippen und eine lila Zunge. Gezüchtete Blaubee-

Die Sträucher der Kulturheidelbeeren werden bis zu 2 Metern hoch. Anders als die dunkellila gefärbten Waldheidelbeeren sind die gezüchteten Beeren innen zartgrün.

ren hinterlassen dagegen kaum Spuren. Bei den Kultursorten sitzen der Farbstoff nur in der Schale, das Fruchtfleisch ist hell und leicht grünlich. Kulturheidelbeeren sind weniger aromatisch als Waldheidelbeeren. Für die Gartensorten spricht aber: Sie sind leicht zu pflücken und tragen pro Strauch vier bis sechs Kilogramm Früchte.

Preiselbeeren aus Skandinavien

Die Preiselbeeren *(Vaccinium vitis-idaea)* gehören ebenfalls zu den Erikagewächsen. Ihre Heimat sind die Wälder der skandinavischen Länder. Die niedrigen, sparrigen Zwergsträucher wachsen aber auch in den Alpenregionen. Preiselbeeren gehören zu den ganz wenigen Fruchtarten, die bisher fast ausschließlich wild gesammelt werden, und es gibt nur ganz wenige Auslesen oder Züchtungen für den Garten.

Cranberries aus Nordamerika

Cranberries *(Vaccinium macrocarpon)* stammen aus dem Norden der USA. Die auch als Großfrüchtige Moosbeeren, Kranichbeeren oder Kulturpreiselbeeren bezeichnete Art ist dort sehr weit verbreitet. Die Kulturansprüche gleichen denen der Preiselbeeren. Der wesentliche Unterschied liegt in der Größe der Früchte und im Wuchs. Die 20 bis 30 Zentimeter hohen Preiselbeerbüsche wachsen streng aufrecht, die Beeren werden nur erbsengroß. Die amerikanischen Cranberries bilden bodendeckende, lange Ranken mit beinahe kirschgroßen Früchten.

Standort

Heidelbeeren, Preiselbeeren und Cranberries stellen besondere Ansprüche an den Boden. Gerade im Garten sind die idealen Bedingungen für den Anbau viel leichter zu schaffen als auf großen Erwerbsflächen. Mit den hübschen weißen oder rosaroten Blüten, den schwarzblauen, leicht bereiften Früchten und der feuerroten Herbstfärbung der Blätter bieten gerade die Heidelbeersträucher von Frühjahr bis Herbst auch im Kübel auf Balkon oder Terrasse einen hübschen Anblick.

Nur für Moorbeete

Heidelbeeren und Preiselbeeren sind ausgesprochen unempfindlich gegen Frost und werden

Preiselbeeren, die für den Garten selektiert wurden, tragen deutlich mehr Beeren als die wild wachsenden Sträucher.

Cranberries oder Kulturpreiselbeeren bilden lange Ausläufer und eignen sich als hübsche und nützliche Bodendecker.

Wichtig: Auch wenn es sich um Waldpflanzen handelt, gedeihen Preiselbeeren, ebenso wie Cranberries, besser in sonnigen Lagen. Heidelbeersträucher wachsen und fruchten dagegen auch noch im lichten Schatten.

Doppelter Nutzen: Das Beet mit den Heidelbeersträuchern wurde mit aromatischen Monatserdbeeren unterpflanzt.

kaum von Krankheiten befallen. Erst nach 10 bis 15 Jahren erschöpft sich allmählich ihr Ertrag. Allerdings brauchen die Zuchtsorten einen möglichst sauren, humosen und wasserdurchlässigen, aber feuchten Boden, der dem natürlichen Standort im Wald oder Moor möglichst nahe kommt. Eine Pflanzung in der Mitte eines Hügelbeetes mit einer attraktiven Umrahmung aus anderen Moorbeetpflanzen wie Azaleen, Rhododendren und Erika bietet sich an. Wichtig: Das Beet in Trockenperioden regelmäßig mit kalkarmem Wasser beregnen.

Preiselbeeren, Cranberries und auch Walderdbeeren sind ideale Bodendecker für das Heidelbeerbeet. Ihre Beeren leuchten aus dem sich ebenfalls rot verfärbenden Laub, wenn die Ernte der Heidelbeeren längst vorüber ist.

Befruchtung

Obwohl die meisten Gartensorten ausreichend selbstfruchtbar sind, lohnt die Pflanzung einer zweiten Sorte, weil der Fruchtansatz und die Größe der Beeren merklich besser ausfallen. Heidelbeeren und Preiselbeeren und erst recht die Cranberries blühen so spät, dass Frühjahrsfröste die Ernte kaum noch gefährden können.

Heidelbeer-Sorten

Kulturheidelbeeren gibt es heute in jeder Qualitätsbaumschule, in größeren Gartencentern und im Gartenversandhandel. Nicht so leicht zu bekommen sind Preiselbeeren und Cranberries. Hier sind nur ganz wenige Sorten auf dem Markt. Am besten erkundigt man sich bei speziellen Beerenzüchtern.

'Bluecrop'

Eine sehr fruchtbare Sorte mit großen, aromatischen Beeren. Reifezeit: ab Anfang bis Ende August. Im September fällt die feuerrote Herbstfärbung der Blätter auf. 'Bluecrop' eignet sich auch für trockene Böden.

'Brigitta Blue'

Eine neuere, späte Sorte aus Australien mit festen, hellblauen, sehr aromatischen Beeren, aber einer kurzen Erntezeit (Anfang bis Mitte August) und vergleichsweise kleinen Beeren. Die Blätter verfärben sich im Herbst auffallend hellrot.

'Patriot'

Aufrecht wachsende Sorte mit hellblauen, aromatischen Beeren, die bereits ab Mitte Juli reifen. 'Patriot' gilt als eine der besten Sorten für Gärten in wärmeren Lagen.

'Sunshine Blue'

Eine echte Besonderheit: Die Sträucher blühen in zartem Pink und 'Sunshine Blue' und ist als einzige Heidelbeersorte immergrün. Die hellblauen, sehr süßen Beeren reifen über viele

'Bluecrop' gehört zu den wichtigsten Sorten im Heidelbeeranbau. Die großen blauen Beeren lassen sich ausgezeichnet einfrieren.

Preiselbeeren reifen im Spätherbst über mehrere Wochen. Preiselbeermarmelade geliert schon nach wenigen Minuten Kochzeit.

Wochen ab Anfang Juli. Die Sträucher werden nur gut 1 Meter hoch, sind frosthart bis –15 °C, brauchen gleichzeitig wenig Winterruhe und eignen sich deshalb auch als Solitärstrauch für den Balkon und sogar für den ungeheizten Wintergarten.

Preiselbeer-Sorten

'Erntesegen'

Eine spät reifende Sorte mit großen, hellroten, walzenförmigen oder runden Beeren mit mildem Geschmack und gutem Aroma. Die Haupternte liegt im Oktober, von Juli bis August ist eine kleine Vorernte möglich. Die Sorte ist sehr robust und bringt hohe und regelmäßige Erträge.

'Koralle' (= 'Rouge Coralle')

Die bekannteste Sorte stammt aus den Niederlanden. Die Sträucher wachsen straff aufrecht und bilden viele Ausläufer. Die Beeren sind hellrot, herbsauer und werden mittelgroß. Haupterntezeit: Oktober. Für kleine Gärten als Bodendecker interessant.

'Red Pearl'

Eine neue, sehr ertragreiche Selektion (Auslese) aus den wild wachsenden Preiselbeeren. Die dunkelroten Beeren schmecken milder und süßer als die von 'Koralle'. 'Red Pearl' bildet kräftige Einzelpflanzen. Die Ernte beginnt im September und zieht sich bis in den Oktober.

Cranberry-Sorten

'Early Black'

Eine besonders großfruchtige, dunkelrote, aromatische Kulturpreiselbeere. Die flach wachsenden Triebe vermehren sich laufend und decken den Boden breitflächig ab. Die Ernte dauert von Anfang September bis in die vorletzte Oktoberwoche. Cranberries können nach der Ernte noch über zwei Wochen im Kühlschrank aufbewahrt werden.

Die kalorienarmen Heidelbeeren tragen auf besonders »figurfreundliche« Weise zur Versorgung mit Vitaminen und Mineralstoffen wie Kalzium, Kalium, Phosphor und Magnesium bei.

Waldheidelbeeren sind besonders aromatisch, Kulturheidelbeeren liefern viel mehr Beeren und sind schnell gepflückt.

Ernte

Heidelbeeren

Wegen des höheren Zuckergehalts und weil sie nicht so viele Kernchen wie Johannisbeeren oder Stachelbeeren enthalten, sind Heidelbeeren besonders bei Kindern beliebt. Derart leckere Früchte schmecken auch den Vögeln und ohne Kulturschutznetze holen sie sich den größten Teil der Ernte. Ein Heidelbeerstrauch liefert während einer Abreifezeit von 3 bis 4 Wochen durchschnittlich 4 bis 6 kg Früchte.

Preiselbeeren und Cranberries eignen sich sehr gut zum Einfrieren und lassen sich gut gekühlt mehrere Wochen aufbewahren (bei 3 bis 5 °C und 70% Luftfeuchtigkeit).

Preiselbeeren und Cranberries

Preiselbeeren reifen von Ende August bis in den Oktober hinein. Die Reifezeit dauert etwa 5 bis 6 Wochen. Die Haupternte erfolgt im Herbst. Während der Abreife verfärben sich die Beeren von Hellgrün über Weiß und nehmen erst spät ihre hell- oder dunkelrote Färbung an. Cranberries reifen nach den Preiselbeeren und können von September bis November gepflückt werden.

Erdbeeren

Die Gartenerdbeere – ein »Zufallsprodukt«

Die heutige Gartenerdbeere mit ihren dicken, großen Beeren entstand eher zufällig: Anfang des 18. Jahrhunderts brachte ein französischer Marineangehöriger und Amateurbotaniker ein paar Pflanzen der Chile-Erdbeere *(Fragaria chiloensis)* aus Südamerika

Genießer essen die Erdbeeren gleich nach der Ernte. Dann schmecken sie nicht nur am besten, sondern man spart sich auch den langen Umweg durch die Küche.

Erdbeeren bevorzugen zwar sonnige Standorte, nehmen aber auch mit einem Platz im leichten Halbschatten vorlieb.

mit nach Hause. Sie entwickelten sich prächtig, trugen aber nur wenig Beeren.
Bretonische Bauern erkannten, woran es den Beeren mangelte. Sie pflanzten die aus Amerika eingeführte Scharlach-Erdbeeren *(Fragaria viginiana)* neben die chilenischen Beeren und so kam es zu einer ausreichenden Befruchtung. Aus der Kreuzung beider Sorten entstand die Ananas-Erdbeere *(Fragaria × ananassa)*, unsere heutige Kulturerdbeere.

Standort

Gartenerdbeeren sind bezüglich Klima und Boden recht anpassungsfähig. Fast alle Sorten gedeihen am besten in sonniger Lage, der Boden sollte eher frisch und leicht sauer als zu kalkhaltig sein.
Überall dort, wo im Winter mit längeren Frostperioden gerechnet werden muss, ist eine dicke Laubschicht oder eine Lage Rindenmulch zwischen den Erdbeerreihen empfehlenswert. Die Mulchschicht verzögert auch den Austrieb im Frühjahr und beugt Spätfrostschäden vor. Spätestens im März muss das Mulchmaterial aber entfernt werden, sonst kann es zu Vergilbungen und Fäulnis an den Pflanzen kommen.

Befruchtung

Die allermeisten Gartensorten besitzen zwittrige Blüten und sind selbstfruchtbar. Wie bei den Beerensträuchern sichert eine zweite Sorte aber die Befruchtung. Pflanzt man gleich mehrere Sorten, lässt sich die Ernte von Mai bis Mitte Juli staffeln.

Sorten

Zwar konnte bisher keine Zuchtsorte den Geschmack der Walderdbeeren auch nur annähernd erreichen, aber die Beeren der Gartensorten sind deutlich größer, robust und viel haltbarer. Heute ist die Sortenvielfalt fast unüberschaubar groß und der Sortenwechsel vollzieht sich so rasch wie bei keiner anderen Obstart.

Mehrmals tragende Sorten
Neben den einmal tragenden Sommersorten sind für den Hausgarten die mehrmals tragenden Züchtungen interessant. Sie fruchten ebenfalls im Juni oder Juli, blühen aber nach einer kurzen Ruhepause erneut und liefern eine zweite Ernte ab Ende August.

'Alexandria'

Robuste Monatserdbeere, die vom späten Frühjahr bis in den Herbst blüht und Früchte trägt. Die Beeren sind fast so aromatisch wie Walderdbeeren, werden aber auch nicht viel größer. Anspruchslose, nicht Ausläufer bildende Sorte für Sonne und Halbschatten.

Ungemein praktisch ist eine Beetumrandung aus Monatserdbeeren zu ein- und zweijährigen Sommerblumen. Die Beerenbordüre verhindert die Einwanderung von Unkräutern und bleibt, wie die Blumen, nur für ein oder zwei Jahre am selben Standort und braucht dann einen anderen Platz.

Monatserdbeeren blühen und fruchten unermüdlich bis zum Herbst. Die Beeren haben ein intensives Erdbeeraroma.

Bei der pflegeleichten Erdbeerwiese lässt man alle Ausläufer stehen, bis das Beet vollständig überwachsen ist.

'Polka' ist eine einmaltragende, robuste Sorte mit dunkelroten Beeren und ausgezeichnetem Geschmack.

'Florika'

Stark Ausläufer bildende, mittelfrühe, einmaltragende Sorte für die Anlage einer Erdbeerwiese mit einer Kulturdauer von ca. 6 Jahren. Eine robuste Sorte ohne besonderen Anspruch an den Boden mit geringer Anfälligkeit für Frucht- und Wurzelfäule. Die Früchte sind süß und aromatisch.

'Honeyone'

Einmaltragende, frühe Sorte mit kugelförmigem Wuchs. Die Blüten sitzen über dem Laub. Die Ansprüche an den Boden sind vergleichsweise hoch, auf weniger günstigen Standorten steigt die Anfälligkeit für Frucht- und Wurzelfäule. Die Beeren sind dunkel purpurrot mit mittlerer Süße und stark ausgeprägtem Aroma.

'Kent'

Eine stark wachsende, mittelfrühe Sorte mit großen, aromatischen, leuchtend roten Früchten. Das Fruchtfleisch ist fest, aber etwas uneinheitlich orangerot. 'Kent' stellt keine besonderen Ansprüche an den Boden und ist auch sonst sehr robust.

'Hobthurmardu' (= 'Thuchampion')

Mittelspät reifende, neue Sorte aus Holland mit großen, orangeroten Früchten, viel Aroma und hohen Erträgen. Die Pflanzen sind wüchsig, robust und pflegeleicht. Geeignet für gute bis mittlere Böden und eher wärmere Lagen.

'Mara de Bois'

Fast ein »Shooting Star« unter diesen remontierenden Sorten ist die in Frankreich beliebte 'Mara de Bois' mit kleinen, hellroten, weichen Früchten. Wegen ihres umwerfenden Erdbeerdufts und des köstlichen Aromas wird sie als eine der feinsten Dessert-Erdbeeren gehandelt. Allerdings gedeiht diese Sorte nur in voller Sonne und verlangt warme Lagen und sehr gute Böden.

'Polka'

Mittelspäte, einmaltragende Sorte mit roten bis purpurroten Beeren mit ausgezeichnetem Aroma. Sehr hohe Erträge. Allgemein widerstandsfähig und robust. Auch für den Anbau in höheren Lagen. Sehr gut zum Einfrieren und für Marmelade.

'Senga Sengana' – nur für Liebhaber

Trotz immer neuer Entwicklungen auf dem Erdbeermarkt gehört die mittelfrühe 'Senga Sengana', eine Sorte von 1952, noch immer zu den Favoriten der Hobbyanbauer. Der Geschmack dieser über 50 Jahre alten Sorte ist tatsächlich bemerkenswert. Dennoch kann sie für den Garten nur bedingt empfohlen werden – vor allem mehrjährige Pflanzen neigen zu Fruchtfäule und Grauschimmel.

'Tenira'

Mittelstark bis starkwüchsige, mittelspäte, einmaltragende Sorte mit gleichmäßig abreifenden, orangeroten Beeren mit ausgeglichenem Zucker-Säure-Verhältnis und ausgeprägtem Erdbeeraroma. Die Ansprüche an den Boden sind nur gering. insgesamt recht robuste Sorte.

Erdbeeren pflanzen

Pflanztermine

Bei den einmaltragenden Erdbeeren bringt nur eine frühe Pflanzung, also Ende Juli bis Anfang August, im Folgejahr wirklich gute Erträge. Die mehrmals fruchtenden Sorten können noch im September ins Beet. Wer auch diesen Termin verpasst hat, pflanzt im Frühjahr bis zum April und erhält im Sommer noch etwa 40 % des bei Herbstpflanzung zu erwartenden Ertrags. Voraussetzung dafür: Alle Blüten, die bis Ende Mai erscheinen, müssen konsequent ausgebrochen werden.

Das Erdbeerbeet vorbereiten

Die ideale Beetvorbereitung ist eine Vorkultur mit Kartoffeln oder Hülsenfrüchten. Besteht der Verdacht auf Bodenälchen (Nematoden), muss die Erde erst durch eine Gründüngung mit Ringelblumen und Tagetes saniert werden. Die neuen Erdbeeren dürfen frühestens nach 3 Jahren wieder in dasselbe Beet gepflanzt werden.
Nach dem Abräumen der Vorkultur wird das Beet mit dem Sauzahn oder mit der Grabgabel tief gelockert, und zwar so rechtzeitig, dass sich die Erde bis zur Pflanzung noch ausreichend absetzen kann. Anschließend überstäubt man das Beet mit etwas Gesteinsmehl und arbeitet oberflächlich reifen Garten- oder Mistkompost ein – je nach Humusgehalt etwa 1,5 bis maximal 3 Liter pro m². Handelsübliche Erdbeerdünger garantieren ein ausgeglichenes Verhältnis

Zur Pflanzzeit im Juli, spätestens August ist das Angebot an neuen und bewährten Sorten besonders groß.

Hängeerdbeeren bilden lange Ranken. Sie blühen und fruchten von Juni bis Ende Oktober.

Junge Erdbeerpflänzchen sollten nur so tief gesetzt werden, dass die Herzknospe etwas über der Erdoberfläche liegt.

von Phosphor, Kali und Magnesium und können zusätzlich – aber frühestens 3 bis 4 Wochen nach der Pflanzung – gleichmäßig um die Pflanzen verteilt werden. Günstig ist eine weitere Gabe im Frühjahr zum Austrieb. In beiden Fällen genügen 30 g Dünger pro m^2 – bei einem zu hohen Stickstoffangebot tritt häufiger Mehltau auf!

Pflanzabstand
Der Pflanzabstand richtet sich nach der geplanten Kulturdauer. Wird jedes Jahr neu gepflanzt, sind ein Reihenabstand von 50 cm und ein Abstand von 30 cm in der Reihe völlig ausreichend. Mehrjährige Erdbeerkulturen brauchen mindestens 60 bis 80 cm Reihenabstand und einen Abstand in der Reihe von etwa 40 cm. Ein engerer Pflanzabstand fördert die Infektion von Grauschimmel und anderen Pilzerkrankungen! Praktisch beim Unkrauthacken und bei der Ernte ist eine Pflanzung in Doppelreihen, eventuell auf 20 cm hohen Dämmen.

Erdbeeren nicht zu tief pflanzen
Die Herzknospe muss knapp über der Erdoberfläche liegen. Zu hoch gepflanzte Setzlinge trocknen leicht aus und sind frostgefährdet, zu tief gepflanzte entwickeln sich schlecht und sind anfälliger für Wurzelkrankheiten.

Erdbeeren nachpflanzen

Anders als die Obstbäume und Beerensträucher werden Erdbeeren zwei- oder dreijährig angebaut. Im Erwerbsanbau wird sogar jährlich neu gepflanzt, weil die ertragreichen Sorten, mit wenigen Ausnahmen, meist schon in ihrem zweiten Sommer deutlich kleinere Früchte bilden und erheblich krankheitsanfälliger werden.

Erdbeeren selbst vermehren

Eine Sorte die sich im Garten bewährt hat, kann man problemlos selbst vermehren, dafür sollten die **blühfreudigsten Mutterpflanzen** aber bereits im Mai ausgewählt und markiert werden. Nur von diesen Pflanzen nimmt man im Juli Ableger und setzt sie in ein neues Beet. Fatalerweise entwickeln gerade »faule« Mutterpflanzen mit wenig Beeren besonders kräftige Ableger! Die daraus gezogenen Erdbeerpflanzen liefern später ebenfalls unbefriedigende Ernten. Von Mutterpflanzen mit Pilzkrankheiten oder Läusebefall dürfen ebenfalls keine Jungpflanzen entnommen werden.

Pflanztipps für Wald- und Monatserdbeeren

Walderdbeeren vermehren sich – sofern man sie lässt –

Die Ableger der besonders reich tragenden Pflanzen werden eingetopft und später in ein neues Beet verpflanzt.

Winzige Früchtchen, aber groß im Geschmack: Reife Walderdbeeren sind sehr weich und verlangen Fingerspitzengefühl beim Ernten.

Unterlegt man die Erdbeerpflanzen mit Stroh, bleiben die Beeren sauber und auch der Schneckenfraß hält sich in Grenzen.

durch Ausläufer immer weiter. An sonnigen Böschungen entstehen in wenigen Jahren ganze Erdbeerfelder. Weil sie auch Schatten akzeptieren, eignen sie sich ausgezeichnet als Bodendecker unter Obstbäumen. Monatserdbeeren lassen sich leichter zähmen. Sie stammen von einer in den Alpen gefundenen rankenlosen Auslese der Walderdbeere ab und eignen sich als Randbepflanzung um das Kräuter- oder Gemüsebeet. Monatserdbeeren bilden keine Ausläufer, können aber dafür aus Samen gezogen werden. Dies bietet sich schon deshalb an, weil man davon meist größere Stückzahlen braucht. Im Frühjahr in Töpfen vorgezogene Monatserdbeeren fruchten noch im selben Sommer zum ersten Mal.

Ernte

Erdbeeren erntet man am besten früh am Morgen, wenn die Früchte noch kühl sind. Weil die Beeren ziemlich druckempfindlich sind, sollten Schüsseln oder Körbe nicht zu groß sein, damit nicht zu viele Beeren übereinander liegen.

Den Kelch pflückt man erst nach dem Waschen ab, vorher lässt man die Früchte gut abtropfen oder tupft sie mit einem Küchentuch trocken. Nach dem Waschen sollten die Früchte rasch verwertet werden.

Die ungewaschenen (!) Beeren lassen sich im Kühlschrank noch zwei oder drei Tage aufbewahren, verlieren dabei aber ihren herrlichen Erdbeerduft und büßen auch einen Teil ihres Aromas ein.

Pflege

Zwischen den Erdbeeren darf der Boden beim Unkrautjäten nur flach gelockert, aber niemals tief gehackt oder gar umgegraben werden. Werden keine Ausläufer benötigt, sollten alle Ranken laufend entfernt werden. Gleich nach der Ernte schneidet man das Laub mit der Gartenschere etwa eine Handbreit über dem Boden ab. Die Herzblätter müssen dabei verschont werden. Nur die Walderdbeeren dürfen sich ungestört ausbreiten.

Eine Besonderheit bildet die **Erdbeerwiese.** Die dafür geeigneten Sorten vertragen den Rückschnitt mit der Sense, der Heckenschere oder dem auf 8 cm über dem Boden eingestellten Rasenmäher.

Fassadenbegrünung mit exotischen Früchten: Kiwis ranken bis zu 10 Metern hoch, brauchen dafür aber unbedingt ein stabiles, fest verankertes Drahtgerüst.

Kiwis

Kiwis werden schon seit über 1200 Jahren kultiviert. Ihre Heimat ist China und erst vor 100 Jahren gelangten erste Kiwisamen in die USA und nach Neuseeland. Dort gelang erstmals die Züchtung großfrüchtiger Kultursorten.
Für den Anbau im Garten kommen zwei Kiwi-Arten in Frage: die großfrüchtige *Actinidia deliciosa* sowie *Actinidia arguta* mit glattschaligen, nur stachelbeergroßen Früchten, die ungeschält verzehrt werden.

Der richtige Standort

Kiwis verlangen einen humusreichen, mittelschweren, möglichst kalkarmen Boden. Zwar sind Kiwis ausgesprochen wärmeliebend, trotzdem sollte man sie nicht an eine heiße Südwand pflanzen. Dort verdunsten sie mit ihrer enormen Blattmasse nämlich so viel Wasser, dass man mit dem Gießen kaum mehr nachkommt. Ein Winterschutz der Wurzeln in Form einer dicken Mulchschicht ist bei allen Sorten zu empfehlen. Für rauere Lagen bis höchstens 500 oder 600 Meter Höhe sind die frostharten Arguta-Kiwis besser geeignet. Alle Kiwi-Arten und -Sorten müssen, ähnlich wie Reben, an einem stabilen Rankgerüst oder an einer Pergola erzogen werden.

Befruchtung

Kiwis sind einhäusig, das heißt, es gibt fruchttragende weibliche Sorten und männliche Pollenspender. Einige neuere Sorten sind selbstfruchtbar.
Kiwis blühen von Ende Mai bis Mitte Juni. Die großfrüchtigen Kiwis brauchen zwischen 4 und 6 Jahren, bis dieses Ereignis zum ersten Mal eintritt. Arguta-Kiwis fruchten oft schon nach 3 Jahren.

Weibliche und männliche Kiwis ähneln sich nur auf den ersten Blick. Die Staubgefäße der weiblichen Blüten sind nur unvollständig entwickelt.

Männliche Blüten fallen durch ihre dicken Staubgefäße auf. Außerdem fehlt der »Stempel« (Fruchtknoten) in der Mitte der Blüte.

Männliche Pflanzen erkennt man an den dicken gelben Staubgefäßen, die Staubgefäße weiblicher Pflanzen sind dagegen nur unvollständig entwickelt. Eine männliche Pflanze reicht für 7 oder 8 weibliche Kiwis. Im Garten kommt diese Zahl aber kaum in Frage: Eine weibliche Pflanze liefert im Vollertrag bis zu 250 Früchte!

Die besten Sorten

'Hayward' heißt die Hauptsorte mit über hühnereigroßen, walzenförmigen Früchten. Noch winterhärter ist die starkwüchsige **'Starella'.** Auch **'Abott'** und **'Ilison'** schmecken hevorragend, sind aber nicht überall erhältlich. Als männliche Befruchter kommen Sorten wie **'Atlas'**, **'Mantua'** oder **'Tomuri'** in Frage. **'Jenny'** ist selbstfruchtend, trägt aber nur kleine, harte, stark behaarte Früchte.

Arguta-Kiwis fruchten früher
Auch bei den Arguta-Kiwis wird die Auswahl immer größer. Die weibliche **'Maki'** trägt länglich ovale, 2 bis 3 cm große, rötliche Früchte. Die etwas größeren Früchte von **'Ambrosia'** sind apfelgrün, ebenfalls glatt und walzenförmig. Der passende männliche Befruchter für beide Sorten heißt **'Nostino'.**
'Weiki' und **'Issai'** sind selbstfruchtbar. Ihr Aroma erinnert an Stachelbeeren und Ananas. Die Früchte von 'Weiki' sind in der Reife braunrötlich überhaucht, die von 'Issai' bleiben olivgrün.

Ernte und Verwendung

Arguta-Kiwis können ab Oktober direkt vom Strauch gegessen werden. Die großen Früchte der Deliciosa-Sorten sind im Oktober erntereif. Man pflückt sie so spät wie möglich, aber bevor die ersten Nachtfröste auftreten. Anschließend müssen die Früchte mindestens vier Wochen in einem kühlen, dunklen Raum bei 1 bis 8 Grad Celsius mit möglichst hoher Luftfeuchtigkeit nachreifen. Ab Mitte Dezember nimmt man jeweils die zum Verzehr bestimmten Mengen aus dem Lager und lässt sie ein bis zwei Tage im warmen Zimmer weich werden.

Arguta-Kiwis haben wie die Sorte 'Weiki' glattschalige, kleine Früchte, die man direkt vom Strauch genießen kann.

Pflanzen, Schneiden und Pflegen

Voraussetzung für reiche Erträge, eine gute Fruchtqualität und gesundes Wachstum sind gut gewachsene, richtig erzogene und sorgfältig gepflegte Jungpflanzen.

Obstgehölze einkaufen

Obstbäume und Beerensträucher werden viele Jahre alt. Es lohnt sich deshalb, von Anfang an auf Qualität zu achten. Eine straffe, je nach Obstart leicht glänzende Rinde an Stamm, Trieben und den dickeren Wurzeln ist nur ein Erkennungszeichen. Je nach Obstart kommen noch weitere Kriterien hinzu.

Wo kaufen?

Bevor man sich für das eine oder andere Obstgehölz entscheidet, sollte man sich mit den Ansprüchen und Eigenschaften der verschiedenen Arten, Sorten und Unterlagen vertraut machen und auch die nötigen Pflanz- und Grenzabstände bedenken. Ein Beratungsgespräch in einer Marken-Obstbaumschule kann dabei wichtige Entscheidungshilfen liefern. Außerdem kann man sich »seinen« Baum oder Strauch dort selbst aussuchen Manche Baumschulen geben sogar eine Anwachsgarantie.

◀ Obstbäume auf schwachwachsenden Unterlagen brauchen einen stabilen Pfahl. Zu steil stehende Zweige werden durch Herunterbinden formiert.

Bequem per Post

Gut sortierte, größere Obstbaumschulen haben oft einen eigenen Versandhandel. Dort kann man inzwischen nicht nur per Post oder Fax, sondern bereits »online« bestellen.

Wurzelnackt?

Während der Vegetationsruhe werden Bäume und Sträucher in den Baumschulen hauptsächliche »wurzelnackt«, also ohne Pflanzcontainer oder Wurzelballen, verkauft. Zum Schutz vor Frost und Austrocknen sind die Wurzeln in Torf, Rindenmulch oder Erde eingeschlagen. Während der Vegetationsruhe, also nach dem Laubfall bis zum Neuaustrieb, überstehen sie dies problemlos.

Obstgehölze im Container können fast das ganze Jahr über gepflanzt werden, sogar während der Blütezeit.

Pro und contra Containerpflanzen

Der entscheidende Vorteil von Containerpflanzen ist die weit-

Qualitätssiegel für Obstgehölze
Das Prädikat »Deutsche Markenbaumschule« erhalten nur Baumschulen, die sich einem umfangreichen Prüfungsverfahren durch den Bund deutscher Baumschulen (BdB) unterzogen haben und ausschließlich qualitativ hochwertiges Pflanzgut anbieten.

gehend saisonunabhängige Pflanzung. Nach dem Kauf können sie außerdem noch 14 Tage auf ihren endgültigen Platz im Garten warten. Oft ist ihnen jedoch das Pflanzgefäß schon in der Baumschule zu eng und die Wurzeln wachsen im Kreis an der Topfwand entlang. Diese Ringelwurzelbildung ist unerwünscht. Am besten verzichtet man auf den Kauf, denn die Pflanzen sind bereits überständig und wachsen im Garten nur schlecht an.

Links eine kräftig ausbildete Erdbeer-Jungpflanze. Die mittlere Pflanze kümmert dagegen sichtlich, die rechte wurde viel zu hoch eingetopft. Beide wachsen schlechter an.

Obstbäume

Gut gewachsene zweijährige Jungbäume haben einen geraden Stamm, auch der Mitteltrieb sollte gerade und kräftig entwickelt sein. Für den **Kronenaufbau** braucht man mindestens 3, besser 4 bis 5 kräftige Leittriebe. Noch wichtiger ist der Wuchs des Jungbaums bei einer geplanten **Spindelerziehung.** Der Mitteltrieb muss möglichst gerade und nicht höher als 1,50 Meter sein. Im Bereich zwischen 60 und 1,10 Metern sollten vier bis sechs Seitenäste möglichst flach vom Mitteltrieb abgehen. Steilere Triebe müssen später durch Herunterbinden korrigiert werden.

Wurzelnackte Pflanzen möglichst bald pflanzen und bis dahin in Erde einschlagen. Niemals bereits ausgetriebene, wurzelnackte Pflanzen einkaufen! Sie wachsen kaum noch an.

Beerensträucher

Beerensträucher werden manchmal noch als bewurzelte Steckhölzer angeboten, es braucht aber mindestens 3 bis 4 Jahre, bis daraus richtige Büsche geworden sind. Besser kauft man zwei Jahre alte Sträucher mit 5 bis 7 kräftigen, aufrecht wachsenden Trieben. Der Vorteil: Sie fruchten schnell und zuverlässig und verlangen nur wenig Eingriffe bei der Jugenderziehung. Für die Kronenbildung bei **Stachelbeerstämmchen** genügen 3 bis 5 stärkere Leitäste um einen möglichst aufrecht wachsenden Mittelast.

Erdbeeren einkaufen

Wer Erdbeerpflänzchen im Topf oder mit Erdballen zukauft, sollte darauf achten, dass sie aus einem kontrollierten Vermehrungsbetrieb stammen und mit dem Vermerk »Hochzuchtpflanzgut« oder »Deutsches Markenerdbeerpflanzgut« oder dem Siegel des »Bundesverbandes Deutscher Erdbeerzüchter und -vermehrer« ausgezeichnet sind.

Obstgehölze pflanzen

Im Herbst oder Frühjahr pflanzen?

Obstbäume und Beerensträucher pflanzt man am besten nach dem Laubfall, also zwischen Oktober und Dezember. Nur in sehr rauen Lagen und auf schweren, nasskalten Böden ist eine Frühjahrspflanzung (ab März) günstiger. Nicht nur die Beerenobstarten, auch größere Obstgehölze werden immer häufiger in großen Plastikcontainern angeboten und können rund ums Jahr gepflanzt werden. Trotzdem gilt: Gerade weniger robuste Arten schlagen viel leichter Wurzeln, wenn der Pflanzzeitpunkt mit ihrem natürlichen Wachstumsrhythmus übereinstimmt.

Frostempfindliche Obstarten

Pfirsiche und **Aprikosen** sind nach dem Verpflanzen enorm frostempfindlich. Bei allen Sorten ist die Frühjahrspflanzung im März oder April zu bevorzugen. **Kiwis** pflanzt man dagegen im Herbst, Frühjahrspflanzungen sind nur in sehr günstigen Lagen zu empfehlen, weil die neuen, jungen Sprosse und Triebe sehr leicht zurückfrieren.

Allgemein empfohlene Pflanzabstände

Kernobst	
Hecken- und Spaliergehölze (Spindelerziehung)	1,00 bis 1,50 Meter
Buschbäume auf schwach wachsenden Unterlagen	2,00 bis 2,50 Meter
Buschbäume auf mittelstark wachsenden Unterlagen	3,00 bis 3,50 Meter
Halbstämme	6,00 bis 8,00 Meter
Steinobst	
Buschbäume auf schwach wachsenden Unterlagen (Spindelerziehung)	2,50 bis 3,00 Meter
Buschbäume auf mittelstark wachsenden Unterlagen	3,00 bis 4,00 Meter
Halbstämme	6,00 bis 8,00 Meter
Strauchbeeren	
Rote Johannisbeeren und Stachelbeeren	1,50 bis 2,00 Meter
Jostabeere und Schwarze Johannisbeeren	2,00 bis 3,00 Meter
Himbeeren/Herbsthimbeeren	40 cm/50 cm
Brombeeren	2,00 bis 3,00 Meter
Kulturheidelbeeren	80 cm bis 1,00 Meter
Kulturpreiselbeeren	30 bis 50 cm
Kiwis	
weiblich	3,00 bis 5,00 Meter
männlich	1,00 bis 1,50 Meter

Die Pflanzung vorbereiten

Pflanzen aus der Baumschule oder dem Gartencenter kontrolliert man bereits vor dem Kauf auf eventuelle Schäden an Zweigen, Wurzeln und Veredelungsstelle. Gehölze aus dem Versandhandel befreit man sofort nach dem Eintreffen von ihrer Verpackung und überprüft Sorte und Qualität der gelieferten Pflanzen.

Die wichtigsten Pflanzregeln

- Bäume und Beerensträucher mit nackten Wurzeln möglichst rasch pflanzen oder an einem schattigen Ort in feuchte Erde einschlagen.
- Pflanzen, die mit Topf geliefert wurden, bis zur Pflanzung vor Wind schützen und regelmäßig gießen. Wurzelnackte Gehölzen und Ballenpflanzen in feuchte Erde einschlagen.

Wurzelnackt gelieferte Gehölze werden vor dem Einpflanzen gewässert – zwei bis drei Stunden genügen für das Wurzelbad.

Lehmige oder sehr sandige Gartenerde kann beim Pflanzen mit Kompost und grobem Sand verbessert werden.

Nach dem Auffüllen der Pflanzgrube und dem Setzen des Pflanzpfahls tritt man die Erde rund um den Wurzelballen fest.

- Für wurzelnackte Gehölze hebt man die Pflanzgrube so aus, dass alle Wurzeln bequem Platz finden. Für Ballen- oder Containerpflanzen sollte das Pflanzloch doppelt so groß sein wie der Wurzelballen.
- Leichte, sandige Böden oder schwere, lehmige Erde verbessert man mit einem Drittel reifen Kompost, guter Gartenerde und eventuell etwas Sand. Niemals frischen Mist oder anderen Dünger direkt an die Pflanzenwurzeln bringen!
- Bei wurzelnackten Gehölzen alle beschädigten oder vertrockneten Wurzelteile entfernen. Lange, dicke Wurzeln einkürzen.
- Den Baum oder Strauch immer senkrecht einsetzen, festhalten und die Erde nach und nach um die Wurzeln füllen.
- Anschließend die Erde rund um den Wurzelballen vorsichtig festtreten und gründlich einschwemmen.
- Eine Mulchdecke aus gehäckselten Gartenabfällen, angetrocknetem Rasenschnitt oder Rindenkompost schützt die Erde über der Wurzelzone vor dem Austrocknen.
- Die neuen Gehölze bis zum Anwachsen häufig wässern.

> Den Kunststofftopf bei Containerpflanzen nicht einfach losreißen, sondern vorsichtig abziehen. Schwer lösbare Container mit der Gartenschere aufschneiden.

Kern- und Steinobst

Beim Pflanzen größerer Gehölze ist man am besten zu zweit, so lässt sich der Baum in der Pflanzgrube leichter ausrichten. Unabhängig von Baumform und Sorte müssen Obstbäume so gepflanzt werden, dass die Veredelungsstelle am Wurzelhals etwa eine Handbreit (10 bis 15 cm) über dem Boden liegt. Zu tief gepflanzte Bäume »machen sich frei«, das heißt, die Unterlage bildet unerwünschte Wurzelschösslinge aus. Buschbäume und Spindelbüsche brauchen einen stabilen Pflanzpfahl (7–8 cm dick, ca. 2,00 Meter lang). Auch bei Halbstämmen stabilisiert ein

Bei Obstbäumen sollte die verdickte Veredelungsstelle mindestens eine Handbreit über Erdniveau sitzen.

Pfahl den Wurzelballen, bis der Baum eingewachsen ist. Man schlägt den Pfahl eine Handbreit vom Stamm tief in das Pflanzloch und bindet das Bäumchen fest. Um Einschnürungen zu vermeiden, legt man den Strick in Form einer Acht fest um Stamm und Pfahl.

Spindelbüsche auf schwachwüchsigen Unterlagen können auch als schmale Obsthecke an ein stabiles, etwa 2,50 Meter hohes Drahtgerüst gepflanzt werden.

Johannisbeeren und Stachelbeeren

Jostabeeren und Stachelbeeren setzt man so tief, wie sie in der Baumschule gestanden haben. Johannisbeeren pflanzt man etwas tiefer, der Ansatz der Bodentriebe sollte etwa 5 cm mit Erde bedeckt sein.

Himbeeren

Anders als die echten Beerensträucher müssen Himbeeren immer wieder nachgepflanzt werden. Nach 6 bis höchstens 10 Jahren sind die Pflanzen erschöpft, der Ertrag wird geringer und die Qualität der Beeren ist nicht mehr befriedigend. Der etwa 1 Meter breite Pflanzstreifen wird spatentief gelockert, anschließend arbeitet man reichlich Reifkompost oder gut verrotteten Rindenhumus ein und formt über die gesamte Breite des Beetes einen 20 bis 30 cm hohen Damm. Vor dem Pflanzen zieht man die Wurzelgeflechte der Himbeeren etwas auseinander und setzt sie so tief, dass sie etwa 3 cm mit Erde bedeckt sind.

Rahmen oder V-Spalier

Alle Himbeersorten brauchen ein Rankgerüst. Für Sommerhimbeeren genügt ein senkrechter Drahtrahmen. Noch besser ist eine V-förmige Konstruktion, bei der die Jungruten in der Mitte zwischen den Tragruten hochgezogen werden.
Für die niedriger wachsenden Herbsthimbeeren spannt man ein so genanntes Knotengitter (Baumarkt) mit quadratischen oder rechteckigen Maschen (Maschenweite 15 bis 20 cm) in etwa 80 cm Höhe zwischen vier Holzpfähle. Die Ruten wachsen durch das Gitter durch und müssen nicht angebunden werden.

Brombeeren

Brombeeren pflanzt man grundsätzlich nur in Einzelreihen. Die Vorbereitung des Pflanzstreifens erfolgt wie bei den Himbee-

Herbsthimbeeren zieht man an einem quer gespannten Knotengitter. Die Jungruten finden auch ohne Anbinden Halt.

Kiwis pflanzt man in 30 bis 50 cm Abstand von der Wand. Den Pflanzstab anschließend am Draht festbinden.

ren, weil der Pflanzabstand aber viel größer ist, kann auch für jede Pflanze ein etwa 1 Meter breites Extrabeet angelegt werden. Auch bei den Brombeeren sollte der Wurzelballen höchstens 5 cm mit Erde bedeckt werden.
Ein Drahtspalier ist bei den Brombeeren ebenfalls unverzichtbar. Schwächer wachsende Brombeersorten werden fächerförmig aufgeleitet, stärker wachsende lassen sich durch die Palmettenerziehung am besten bändigen.

Heidelbeeren und Preiselbeeren

Bei der Anlage eines Beets oder einer Heidelbeerhecke benötigt man pro Pflanze eine Fläche von 80 × 80 cm. Die Pflanzgrube wird etwa 30 cm tief ausgehoben. Ein Drittel des Erdaushubs vermischt man mit organischem Material wie vermodernde Holzabfälle, Sägespäne oder Laubkompost, am besten aus Eichen- oder Buchenlaub und Nadelstreu (ersatzweise Torf), füllt die Grube damit auf und schichtet zusätzlich einen 30 cm hohen Damm auf. Spätestens alle zwei Jahre muss diese Schicht mit neuem Mulchmaterial ergänzt werden. Die Waldbeeren leben in enger Symbiose mit Wurzelpilzen *(Mycorrhiza)*, die sich im normalen Gartenboden nicht entfalten können. Sterben die Pilze ab, verkümmern auch die Sträucher.

Kiwis

Kiwis wurzeln nur flach und sind deshalb ganz besonders auf eine gute Bodenvorbeitung angewiesen. Man lockert das ganze Pflanzbeet großzügig und hebt pro Pflanze ein 50 cm tiefes und etwa 40 cm breites Pflanzloch aus. Die Veredelungsstelle muss nach dem Pflanzen knapp über der Erdoberfläche liegen. Anschließend sparsam angießen – zu viel Wasser schadet den nässeempfindlichen Wurzeln!

Kränkelnde Pflanzen mit schwachem Wuchs und ungenügendem Ertrag sind ein Zeichen für die Bodenmüdigkeit. Sie tritt dann auf, wenn eine Obstart wiederholt an dieselbe Stelle gepflanzt wird.

Bei der Palmettenerziehung von Brombeeren werden jeweils 3 bis 6 Tragruten und Jungruten (im jährlichen Wechsel) waagerecht nach rechts oder links gebunden.

Düngung von Obstgehölzen und Erdbeeren

Obstbäume und Beerensträucher haben nur einen geringen Nährstoffbedarf. Je besser der Boden gepflegt wird, desto sparsamer kann gedüngt werden.

Die Grunddüngung

Bei einem gut gepflegten, humusreichen Boden kann man auf so manche Düngergabe ganz verzichten. Als Nährstoffnachschub genügt das oberflächliche Einarbeiten von 1 bis 2 Liter Kompost im zeitigen Frühjahr. Wo kein eigener Gartenkompost zur Verfügung steht, weicht man auf käufliche organische Handelsdünger (Rinderdung, Aktivhumus, pflanzliche Humusdünger) aus. Eine Mulchschicht aus gehäckselten Gartenabfällen, Grünschnitt oder angetrocknetem Rasenschnitt liefert ebenfalls organische Substanz und schützt den Boden vor Trockenheit oder dem Verschlämmen nach starken Regenfällen. Die Bodenbedeckung wird frühestens im April oder Mai aufgebracht, wenn sich der Boden ausreichend erwärmt hat.

Nachdüngen nur im Einzelfall

Auf weniger fruchtbaren Böden, bei der Kultur auf schwachwachsenden Unterlagen oder bei besonders reich tragenden Sorten reichen die vorhandenen Nährstoffe in der Hauptwachstumszeit nicht aus. Durch eine maßvolle Nährstoffergänzung mit einem mineralischen Dünger oder schnell wirkenden organischen Düngemittel wie Hornmehl oder Brennnesseljauche lässt sich dies verhindern.

Organisch oder mineralisch?

Mineraldünger werden industriell hergestellt und enthalten höhere Nährstoffkonzentrationen als organische Dünger. Die Nährstoffe sind schnell pflanzenverfügbar. Mineralischer Dünger kann den Humusabbau beschleunigen.
Organische Dünger enthalten pflanzliche und/oder tierische Substanzen. Die daran gebundenen Nährstoffe werden nur allmählich freigesetzt. Deshalb wirken diese Dünger viel langsamer, die Wirkung hält aber länger an und das Risiko einer Überdosierung ist gering.
Organisch-mineralische Dünger bestehen aus organischen und mineralischen Komponenten und wirken deshalb schnell und nachhaltig.

Eigener Gartenkompost enthält alle wichtigen Pflanzennährstoffe und fördert den Humusaufbau im Boden.

Termingenau nachdüngen

Kern- und Steinobst, Himbeeren und Brombeeren erhalten eine zweite Düngergabe zwischen

Zwei- oder dreijährige Erdbeerpflanzen erhalten nach der Ernte nochmals Kompost (2 Liter/m^2) oder einen speziellen Erdbeerdünger (50 g/m^2). Bei einer Neupflanzung teilt man den Beerendünger in zwei Gaben auf und düngt im Juli kurz nach der Pflanzung und nochmals Ende August.

Die Nährstoffgehalte organischer Düngermittel

Düngeform	Stickstoff	Phosphor	Kali	Magnesium	Bemerkungen
	Nährstoffgehalt in %				
Kompost	0,5–2,0	1,0	3	0,5–1	ohne Düngerzusatz
Herbstlaub	0,9	0,2	0,3	0,3	reich an Spurenelementen
Hornspäne/ Horngrieß, -mehl	10–14	1	0,7	0,8	je feiner die Fraktion, desto schneller die Wirkung
strohiger Stallmist	0,5	0,3	0,6	0,1	nur vorkompostiert anwenden
Rasenschnitt	0,5	1,2	0,6–0,7	–0,2	nur angetrocknet mulchen

Hauptblüte und Ende der Blütezeit. Stachelbeeren und Johannisbeeren werden sofort nach der Ernte gedüngt.
Heidelbeeren und Preiselbeeren oder Cranberries düngt man ausschließlich im Frühjahr, am besten mit Laubkompost oder einem Spezialdünger für Moorbeetpflanzen (z. B. Rhododendron-Dünger).
Kiwis erhalten drei bis vier Düngergaben, erstmals beim Austrieb, ein zweites Mal bei Blühbeginn im Mai, im Frühsommer und letztmals Anfang August.

Ab August nicht mehr düngen, damit das Triebwachstum vor dem Herbst zum Abschluss kommt.

Obstgehölze schneiden

Anders als die Wildobstarten müssen Kultursorten regelmäßig geschnitten werden. Der Schnitt erhält das Gleichgewicht zwischen Holzwachstum und Blütenansatz, fördert die Lebenskraft der Gehölze und erhöht die Fruchtqualität.

Harmonisches Baum- oder Strauchwachstum

Je wüchsiger ein Obstgehölz ist, desto später werden die Blüten gebildet und umso länger muss man auf die ersten Früchte warten. Es empfiehlt sich also, das oft stürmische Triebwachstum der jungen, neu gepflanzten Gehölze etwas zu bremsen.
Auch bei Gehölzen, die bereits reichlich und regelmäßig blühen und fruchten, muss das Wachstum der Triebe kontrolliert und gleichzeitig die Bildung von neuem Fruchtholz gefördert werden. Nicht zuletzt soll der Schnitt dafür sorgen, dass Bäume und Büsche nicht immer mehr Platz beanspruchen oder so hoch werden, dass Pflege und Ernte nur noch mit Mühe zu bewältigen sind.

Das regelmäßige Auslichten der Krone gehört bei allen Baumformen zu den wichtigsten Schnittmaßnahmen.

Ein wenig Sachkenntnis ist schon erforderlich, um zum richtigen Zeitpunkt an der richtigen Stelle die Schere ansetzen zu können. Dafür lohnt sich die Teilnahme an einem Schnittkurs, wie ihn viele Obst- und Gartenbauvereine vor Beginn der Schnittsaison auch für Nichtmitglieder anbieten. Wer dafür keine Zeit oder keine Lust hat, wird in speziellen Gartenbüchern fündig.
Nur Mut — so kompliziert sind die Regeln gar nicht und schon eine einfache Anleitung mit den wichtigsten Schnittregeln reicht in den meisten Fällen aus.

Schon beim Pflanzschnitt wird die zukünftige Kronenform festgelegt. Im zweiten und dritten Jahr nach der Pflanzung formiert man die Leitäste und weitere Seitentriebe.

Der Pflanzschnitt

Der Pflanzschnitt wird grundsätzlich im Frühjahr ausgeführt, auch wenn die Bäume bereits im Frühherbst gepflanzt wurden. Dabei wird die zukünftige Wuchsform des Baumes oder Strauches festgelegt und ein kompakter Kronen- oder Strauchaufbau gefördert.

Hochstamm, Halbstamm und Buschbaum

Schon beim Pflanzschnitt sollte man die zukünftige Kronenform vor Augen haben. Bei frei stehenden Bäumen wählt man zusätzlich zum Mitteltrieb (Stammverlängerung) drei bis vier rundum verteilte Seitentriebe aus und kürzt sie um etwa ein Drittel ein — grundsätzlich auf eine außenstehende Knospe! Der Mitteltrieb wird auf 5 bis 7 Knospen über dem letzten, zukünftigen Leitast gekürzt. Alle weiteren Konkurrenztriebe entfernt man direkt am Stamm.

Der Erziehungsschnitt

Im ersten Jahr nach der Pflanzung wachsen die Leittriebe in die Länge und bilden gleichzeitig neue Seitentriebe. Bei kräftigem Längenwachstum werden sie im ersten Winter nach der Pflanzung nur wenig eingekürzt, bei mittlerem Wachstum kürzt man großzügiger.

Der Sommerschnitt

Beim Sommerschnitt werden hauptsächlich die neu gebildeten Jahrestriebe entfernt und zu dicht stehende Seitentriebe ausgelichtet. Dieser zusätzliche Pflegeschnitt hat viele Vorteile: Wunden verheilen besser, die Früchte erhalten mehr Sonne und der Kronenaufbau geht viel schneller voran. Profis schneiden gar nicht mehr, sondern reißen die dünnen Triebe mit einem entschlossenen Ruck aus dem Holz. Dadurch wird die Bildung von Astringen vermieden. Oft wachsen aus den dort vorhandenen schlafenden Knospen nämlich immer wieder neue Triebe nach.

Die Krone formieren

Die Kronenbildung erfolgt nach und nach, indem man den Erziehungsschnitt in den folgenden Jahren konsequent weiterführt.

Der Winterschnitt regt das Triebwachstum an, der Sommerschnitt bremst zu starken Wuchs und fördert die Blütenbildung.

Ein starkwüchsiger Zwetschenbaum vor dem Auslichtungsschnitt mit unzähligen steil nach oben ragenden Trieben.

Nach dem Schnitt: Alle überflüssigen Triebe wurden entfernt und die Leitäste auf flacher wachsende Fruchttriebe eingekürzt.

Pyramidenkrone

Bei frei stehenden Bäumen formiert man meist eine Pyramidenkrone. Dazu erzieht man von den Leitästen abgehende Seitenäste. Weitere an den Leitästen und am Stamm entstehende Fruchtäste werden bis zu einem jüngeren, flach wachsenden Trieb eingekürzt.

Tellerkrone

Bei Zwetschen und Pflaumen ist die Tellerkrone verbreitet. Dafür werden die Leitäste deutlich flacher gezogen. Im dritten oder vierten Jahr nach der Pflanzung nimmt man den Mitteltrieb dann vollständig heraus. Alle Astpartien werden dadurch gleichmäßig belichtet, die Früchte reifen einheitlich ab. Weil der untere Teil der Krone aber sehr breit wird, ist diese Baumform etwas schwerer zu pflegen.

Schwächere Langtriebe kürzt man um die Hälfte, kräftige nur um ein Drittel ihrer Länge ein.

Spindelbüsche erziehen

Pflanzschnitt

Für die Erziehung eines Spindelbuschs werden beim Pflanzschnitt alle Triebe entfernt, die weniger als 50 Zentimeter über dem Boden sitzen. Von den darüber liegenden Trieben wählt man vier möglichst waagerecht wachsende aus, der Rest wird entfernt. Zu steil angelegte Triebe bindet man waagerecht. Der Mitteltrieb wird ebenfalls auf 5 bis 7 Knospen über dem letzten Seitentrieb zurückgeschnitten. Ähnlich verfährt man auch beim Spindelbusch, doch werden die Seitenäste durch Klammern oder am Trieb befestigte Betongewichte nur etwas flacher gestellt, so dass sie einen Winkel von ungefähr 45 Grad zum Stamm bilden.

Werden Spindelbäume im Laufe der Jahre zu hoch, wird der Mitteltrieb auf waagerechte Äste zurückgenommen.

Erziehungs- und Erhaltungsschnitt
Anders als bei den Baumformen mit einer Krone entfällt der Aufbau von Leit- und Seitenästen. Während der nächsten Jahre sollen weitere, locker um den Stamm verteilte Fruchtäste entstehen. Ein leichter Rückschnitt genügt deshalb, gleichzeitig wird die typische Spindelform weiter aufgebaut. Man entfernt alle starken, aufrecht wachsenden Triebe entlang dem Stamm und kürzt längere Fruchtäste auf jüngere, weiter innen liegende Triebe ein.

Spalierobst

Spalierbäume sind eigentlich nichts anderes als Buschbäume, deren Leitäste ausschließlich rechts oder links vom Mitteltrieb abzweigen. Langes Fruchtholz ist dabei unerwünscht, stattdessen kürzt man die fruchttragenden Zweige so weit ein, dass nur kurze Fruchtspieße gebildet werden. Bei strengen Formspalieren wie U-Baum oder Palmette muss der Wuchs der Gehölze im Sommer in 14-tägigem Abstand korrigiert werden. Weniger aufwändig ist ein lockere, fächerförmige Erziehung. Sie eignet sich besonders für Birnen, Aprikosen und Pfirsiche.

Beerensträucher schneiden

Alle echten Strauchbeeren tragen bereits am einjährigen Holz, und dort wachsen die besten Beeren.

Sommer- und Herbsthimbeeren
Bei den Sommerhimbeeren werden alle abgetragenen Ruten nach der Ernte entfernt. Die Jungruten bleiben stehen, erst nach dem Laubfall werden sie auf 10 bis 12 kräftige Ruten pro laufenden Meter ausgedünnt. Zur Förderung von Seitentrieben kürzt man diese dann im Frühjahr auf etwa 1,80 Meter Höhe ein.
Bei den Herbsthimbeeren vereinzelt man die Ruten nicht und kürzt sie auch nicht ein, da Blüten und Beeren nur im oberen Teil gebildet werden. Stattdessen werden sämtliche Ruten im Spätwinter oder zeitigen Frühjahr nahe am Boden entfernt.

Brombeeren
Auch die aufrecht wachsenden Brombeersorten werden am Drahtgerüst aufgeleitet. Pro Stock genügen 6 bis 10 Haupttriebe. Man kürzt sie auf eine Länge von 2 Metern ein und bindet sie fächerförmig an den Drähten fest.

Beerensträucher gleich nach der Ernte, spätestens aber im Frühjahr gründlich auslichten.

Bei den rankenden Sorten ist es sinnvoll, Trag- und Jungruten zu trennen. Dazu verteilt man alle

Nach der Ernte werden bei den Sommerhimbeeren alle abgeernteten Ruten möglichst dicht am Boden entfernt.

Brombeerruten müssen regelmäßig aufgebunden werden. Dabei trennt man auch die Tragruten von den Jungruten.

Welche Obstart fruchtet wo?
Kern- und Steinobst sowie die Beerensträucher tragen ihre Blüten und Früchte am zwei- bis mehrjährigen Holz, bevorzugt an den Enden der kürzeren Seitentriebe.
Pfirsiche, Nektarinen, Sauerkirschen und Schwarze Johannisbeeren blühen und fruchten an den zwei Jahre alten Langtrieben. Himbeeren und Brombeeren bilden erst im zweiten Jahr Seitentriebe mit Blüten und Beeren.

Tragruten auf die oberen Drähte und reserviert die unteren für die Jungruten. Ebenso praktisch: alle Tragruten nach links, alle Jungruten nach rechts aufleiten. Von den Hauptruten behält man zwei bis höchstens vier, alle anderen werden entfernt. Die Seitentriebe kürzt man im Sommer auf zwei Knospen ein, stehen sie sehr dicht, nimmt man jeden zweiten ganz heraus.

Johannisbeeren und Stachelbeersträucher

Bei der Pflanzung lässt man nur 5 kräftige Triebe stehen, alle anderen werden bodennah abgeschnitten. Ab dem 4. Standjahr, wenn die Sträucher etwa 10 kräftige Bodentriebe entwickelt haben, muss jährlich ausgelichtet werden. Man entfernt alle drei- oder vierjährigen Triebe und zieht dafür kräftige Jungtriebe nach. Überzählige oder schwache Jungtriebe werden ebenfalls herausgeschnitten oder eingekürzt.

Stachelbeeren

Bei den Stachelbeerstämmchen besteht die Krone aus einem Mittelast und höchstens 5 Leitästen. Damit sie nicht zu umfangreich wird, entfernt man alle überflüssigen mehrjährigen Triebe direkt an der Veredelungsstelle und kürzt die verbliebenen Jungtriebe um mindestens ein Drittel ein.

Schwarze Johannisbeeren

Die Schwarzen Johannisbeeren sind noch einfacher zu schneiden. Bei der Pflanzung wählt man fünf bis sieben kräftige Triebe aus, kürzt sie um die Hälfte ein und entfernt alle übrigen möglichst nahe am Boden. Auch in den ersten beiden Jahren nach der Pflanzung werden alle schwachen Bodentriebe be-

Beim Schnitt von Stachelbeerbäumchen werden alle nach innen wachsenden Triebe konsequent entfernt.

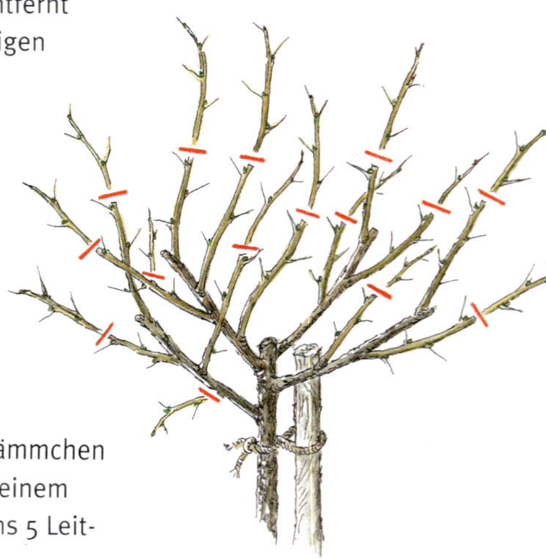

seitigt. Da die längsten Trauben mit den größten Beeren stets am Seitenholz der dreijährigen Triebe wachsen, entfernt man in den folgenden Standjahren alle Bodentriebe, die älter sind, und zieht dafür neue Triebe nach.

Jostabeeren
Jostabeeren haben einen sehr starken Wuchs. Damit dieser nicht noch mehr gefördert wird, beschränkt man den Pflege- und Verjüngungsschnitt auf das Notwendigste. Ab dem dritten Standjahr können jährlich ein bis zwei Leittriebe herausgeschnitten und die überhängende Triebe eingekürzt werden.

Heidelbeeren
Kulturheidelbeeren werden ausschließlich als Busch erzogen. Bei der Pflanzung werden 5 bis 6 starke Triebe ausgewählt, der Rest bodennah entfernt. Die verbliebenen Triebe müssen ständig erneuert werden, denn die besten Beeren wachsen an den einjährigen Seitentrieben der zwei Jahre alten Bodentriebe. Heidelbeeren wachsen in den ersten Jahren extrem stark und bilden dann nur wenige Früchte. In den ersten zwei Jahren nach der Pflanzung reduziert man deshalb die Fruchttriebe um mindestens ein Drittel. Später lichtet man die Sträucher im Winter nur noch aus, entfernt dabei aber regelmäßig ältere, abgetragene Zweige und zieht neue, kräftige, aufrecht wachsende Jungtriebe nach.

Kiwis
Kiwis haben eine beeindruckende Wuchskraft. Man belässt jeder Pflanze nur einen Haupttrieb und leitet davon die fruchttragenden Seitentriebe paarweise nach rechts und links entlang dem Drahtgerüst ab (Abstand 80 bis 100 cm). Daran bilden sich ab dem zweiten Jahr kürzere Seitentriebe, die im Sommer immer wieder auf 4 bis 6 Blätter zurückgeschnitten werden. Wegen der großen Blattabstände entspricht dies einer Trieblänge von mehr als 1 Meter! Auch bei den älteren Pflanzen kürzt man die zwei- und dreijährigen Seitentriebe entsprechend ein. Nach den Früchten dürfen dabei nur vier oder fünf Blätter stehen bleiben! Anfang März werden die abgetragenen Triebe direkt an einem Seitentrieb, der keine Früchte getragen hat, abgeschnitten.

Pflanzenpflege und Pflanzenschutz

Mit robusten Sorten, regelmäßiger Bodenpflege, großzügigen Pflanzabständen, einer zurückhaltenden Düngung und dem richtigen Schnitt zeigt man Schädlingen und Krankheitserregern die »rote Karte«.

Vorbeugen ist besser als spritzen

Damit es erst gar nicht zu einem Befall durch Krankheiten und Schädlingen kommt, sollte man die Pflege auch bei anspruchslosen Sorten nicht allzu sehr vernachlässigen. Selbst bei hoch widerstandsfähigen Züchtungen kann die Krankheits-

Ein Hotel für Florfliegen: Der rote Kasten lockt sie an und bietet den Nützlingen einen Platz zum Überwintern.

Leimringe verhindern, dass Schädlinge wie der Kleine Frostspanner vom Boden in die Krone der Apfelbäume wandern.

resistenz brechen, wenn sich mehrere ungünstige Faktoren summieren. Bedenken sollte man außerdem: Selbst wenn bei einer nötigen Bekämpfung nur nützlingsschonende Pflanzenschutzmittel eingesetzt werden, gerät das biologische Gleichgewicht für einige Zeit aus dem Lot. Außerdem muss auch bei diesen Mitteln zwischen Anwendung und Ernte eine Wartezeit von mindestens 7 Tagen, manchmal sogar bis zu 3 Wochen eingehalten werden. Besonders die noch jungen Bäumchen und Beerensträucher sollte man deshalb in den ersten Jahren häufiger kontrollieren und rechtzeitig Gegenmaßnahmen ergreifen. Nicht nur Obstgehölze, auch neu gepflanzte Erdbeeren werden in ihrer Entwicklung stark zurückgeworfen, wenn man Krankheiten und Schädlinge zu spät bemerkt.

Der Verzicht auf »Chemie« ist Voraussetzung für ein natürliches Gleichgewicht zwischen Nützling und Schädling. »Spritzt« man alle Schädlinge restlos weg, gibt es auch keine Nahrung mehr für die Nützlinge. Marienkäfer, Schwebfliegen und andere Nutzinsekten werden durch den Einsatz von Insektiziden ebenfalls stark dezimiert.

Nützliche Helfer

Kluge Gärtner ersparen sich einen Teil der Pflegearbeiten, in dem sie möglichst viele Nützlinge in den Garten locken.

- **Spitzmäuse** fressen Unmengen an Schnecken und Larven von Schadinsekten. Sie leben am liebsten in der Nähe des Komposts und sind dankbar für ein Versteck, zum Beispiel einen »vergessenen« Ast- oder Steinhaufen.
- **Schwebfliegen** legen ihre Eier dort ab, wo sich ihr Nachwuchs an Blattläusen satt fressen kann. Jede Schwebfliegenlarve verzehrt bis zu 900 Läuse. Die erwachsenen Insekten lockt man mit Doldenblütlern wie Dill und Kerbel an.
- Auch **Meisen** und **Rotkehlchen** halten die Triebe der Obstgehölze läusefrei. Gibt es genug Nistkästen und Vogelschutzgehölze, werden sie zum Dauergast im Obstgarten.
- Die zarten **Florfliegen** lieben Rot und werden durch rot gestrichene Nistkästen angelockt. Ihre Larven fressen buchstäblich alles, was ihnen vor die zangenförmigen Kiefer gerät, also neben Läusen auch Spinnmilben und andere Schadinsekten.
- **Ohrwürmer** sind auf die Raupen des Pflaumenwicklers spezialisiert. Als »Ohrwurmhotel« dienen mit Holzwolle gefüllte Blumentöpfe.
- **Schlupfwespen** und **Raupenfliegen** gehören zu den nützlichen Parasiten. Sie legen ihre Eier in die Larven von Gespinstmotten und Frostspanner. Bevorzugte Nektarpflanzen: alle Doldenblütler.

Mischkultur im Obstgarten

Die Mischkultur funktioniert nicht nur im Gemüsegarten, auch für die verschiedenen Obstarten gibt es Partner, die

Schädlinge abwehren oder über ihre Wurzelausscheidungen das gesunde Wachstum ihrer Nachbarn fördern.
Die Einsaat von Kamille, Tagetes oder Ringelblumen statt der üblichen Gründüngung schützt Jungpflanzen vor Bodenpilzen und Wurzelälchen (Nematoden), gegen Blutläuse sät man Kapuzinerkresse oder Schafgarbe. Gewürzfenchel und Wermut schützen die Johannisbeeren vor Säulchenrost.
Duftender Steinklee kann sogar Wühlmäuse vertreiben. Man sät den Klee in Streifen zwischen die Obstgehölze oder direkt auf die Baumscheibe. Vergissmeinnicht sind bei den Himbeerkäfern unbeliebt. Sät man sie bodendeckend auf die Dämme, gibt es im Sommer kaum noch »weiße Würmchen« (Himbeermaden) in den Früchten. Das klappt auch, wenn man statt Sommerhimbeeren nur noch Herbstsorten anbaut. Sie werden vom Himbeerkäfer nicht befallen. Dessen Vermehrungszeit ist nämlich längst vorbei, wenn die späten Beeren blühen und fruchten.

Schädlinge regulieren

Es gibt aber noch mehr natürliche Methoden, um Schädlinge abzuwehren. Mit den verschiedenen Duftstofffallen, Fangtafeln und Fanggürteln gehen einem die Schädlinge buchstäblich auf den Leim.
Noch einfacher ist der Pflanzenschutz von Hand oder mit der Gartenschere: Mit Johannisbeergallmilbe befallene Knospen der Schwarzen Johannisbeere erkennt man an ihrer kugelrunden Form. Außerdem sind sie viel größer als gesunde Blütenknospen. Bei einem Kontrollgang im zeitigen Frühling können sie von Hand ausgebrochen und anschließend entsorgt werden.
Schneidet man von Pilzkrankheiten wie Mehltau oder Spitzendürre befallene Triebe schon bei den ersten Krankheitsanzeichen bis ins gesunde Holz zurück, lässt sich eine Ausbreitung meistens verhindern.
Viele Obstschädlinge haben weniger Vermehrungschancen, wenn man abgefallene Zwetschen und Pflaumen im Spätsommer nicht einfach unter den Bäumen liegen lässt, sondern alle Früchte – auch die, die nicht befallen sind – aufsammelt und vernichtet.
Ein Anstrich aus Lehm, Stein- oder Algenmehl, Schachtelhalmbrühe und Holzasche oder einem ähnlich zusammengesetzten Fertigprodukt auf den Stamm und die stärkeren Äste verdirbt allen saugenden Insekten den Appetit.
Stimmt man alle diese Maßnahmen aufeinander ab, sind weitere Pflanzenschutzmaßnahmen meist gar nicht nötig. Kommt es in dem einen oder anderen Jahr doch einmal zu einem stärkeren Auftreten von Schädlingen oder Krankheiten, kann man auf chemische Insektizide oder Pilzbekämpfungsmittel meist verzichten. Sanfte Pflanzenschutzmittel schonen nicht nur die Natur, sondern auch den Geldbeutel.

auf einen blick

- »Regulieren statt bekämpfen« lautet das Motto für den Pflanzenschutz im natürlich gepflegten Obstgarten.
- Wer viele Nützlinge in den Garten lockt, braucht nur selten selbst einzugreifen.
- Eine Mischkultur mit Blumen und Kräutern hält Krankheiten und Schädlinge in Schach.
- Reiche Ernte garantiert – Pflegemittel auf pflanzlicher oder mineralischer Basis fördern die natürliche Widerstandskraft und Fruchtbarkeit bei allen Obstarten.

Die wichtigsten Schädlinge und Krankheiten im Obstbau

Vorkommen/Schadbild	Schädlinge	Vorbeugung	Nützlingsschonende Regulierung
Alle Obstgehölze Schwacher Austrieb, Welkeerscheinungen, Jungbäume lassen sich mühelos aus dem Boden ziehen. Große, ovale Löcher, breite Gänge im Boden (auch unter der Grasnarbe), geöffnete Gänge werden nach kurzer Zeit mit frisch aufgewühlter Erde verschlossen	Wühlmäuse	Steinklee aussäen, Hundszunge, Kaiserkrone, Knoblauch, Wolfsmilch pflanzen (nicht bei schweren Böden), Jungbäume in großzügig bemessenes engmaschiges Drahtgeflecht setzen, kein Fallobst liegen lassen	Tiere mit Wühlmausfallen/Wühlmausfänger (z. B. von Neudorff), nach Produktanleitung abfangen.
Kern- und Steinobst, Johannisbeeren eingerollte, verkrüppelte Blätter, klebrige, deformierte Jungtriebe (»Honigtau«), bei Kirschen auch klebrige Früchte, je nach Obstart grüne, schwarze oder dunkelgraue Läuse, oft in Kolonien an Jungtrieben und Blättern	Blattläuse	mäßige Stickstoffdüngung, Baumanstrich und Winterspritzung mit Lehm-Schachtelhalm-Brühe (Preicobact, Bio-Baumanstrich), Algenextrakt zur Pflanzenstärkung spritzen, Spritzung vor Austrieb mit Ölemulsion (Weissöl, Promanal)	Bei geringem Befall mit einem scharfen Wasserstrahl abspritzen, sonst Brennnesselbrühe (2–3-mal im Abstand von 3–7 Tagen), bei stärkerem Befall Präparat aus Kaliseife (Neudosan, Celaflor Blattlausfrei, nach Packungsanweisung)
Kernobst und Steinobst Raupen fressen an jungen Blättern, Blüten und jungen Früchten	Kleiner Frostspanner	Vogelnistkästen aufhängen, von September bis Dezember Leimringe um den Stamm anbringen	Winterspritzung mit Rapsöl oder Weissöl, Bekämpfung der Raupen kurz vor der Blüte mit Pyrethrum-Rotenon-Präparat (Bio-Insektenfrei, Parexan, Spruzit) oder Bacillus thuringiensis (Neudorffs Raupenspritzmittel)
Äpfel, Aprikosen, Pflaumen, Zwetschen, Mirabellen weiße Raupen bohren sich von außen bis ins Kerngehäuse, braune Kotspuren in den Gängen und am Einbohrloch, vorzeitiger Fruchtfall	Apfelwickler und Pflaumenwickler (Obstmade)	Nützlinge fördern (Vogelkästen, Fledermauskästen, Ohrwurmtöpfe), kein Fallobst liegen lassen	Fanggürtel aus Wellkarton 20 cm über dem Boden direkt am Stamm fest anbringen. Zeitpunkt: gegen Apfelwickler Ende Juni bis nach der Ernte; gegen Pflaumenwickler Ende Mai bis nach der Ernte, anschließend entfernen und vernichten, Lockstofffallen aufhängen (Apfelmaden-/Pflaumenmadenfallen, z. B. von Neudorff)
Äpfel, Quitten, Zwetschen, Pflaumen, Pfirsiche, Aprikosen Raupenfraß an Knospen und Blättern, weiße Gespinste meist an den Triebenden	Apfelgespinstmotte/ Pflaumengespinstmotte	Nützlingen fördern – vor allem Schlupfwespen und Vögel	Im Sommer alle Gespinste ausschneiden und vernichten, Spritzung mit Seifenpräparat (Neudosan, Celaflor Blattlausfrei) oder Bacillus thuringiensis (Neudorffs Raupenspritzmittel)
Äpfel Blütenblätter noch nicht geöffneter Blüten vertrocknen, innere Blütenorgane sind abgefressen, beim Öffnen verbräunter Blüten finden sich kleine Käferlarven	Apfelblütenstecher	Nützlinge fördern, vor allem Vögel und Schlupfwespen	Bei hohem Nützlingsvorkommen meist nicht nötig, sonst Fanggürtel aus Wellkarton 20 cm über dem Boden direkt am Stamm fest anbringen. Zeitpunkt: ab März bis nach der Blüte, anschließend entfernen und vernichten
Kirschen stumpfe, glanzlose, weiche Kirschen mit weißen Maden im Fruchtfleisch	Maden der Kirschfruchtfliege	Vorzeitig herabgefallene Früchte aufsammeln, bei der Ernte keine Kirschen hängen lassen. Eine dicke Mulchschicht verzögert das Schlüpfen der Fliegen im Boden. Frühsorten wie 'Burlat' werden nicht befallen.	4 bis 5 Wochen vor Erntebeginn mehrmals Wermuttee spritzen. Ab Mai gelbe Kirschfruchtfliegenfallen (z. B. von Neudorff) in die Bäume hängen.
Himbeeren und Brombeeren angefressene Blüten, Knospen und Blätter, Früchte mit kleinen, weißen Maden	Himbeerkäfer und seine Maden	Boden nie unbedeckt lassen (Mulchschicht). Vergissmeinnicht auf die Dämme säen	Zur Flugzeit der Käfer im Mai/Juni Weißtafeln (Leimfallen) in 1 Meter Höhe in die Himbeerreihen hängen. Käfer abklopfen und vernichten. Bei starkem Befall Pyrethrum-Rotenon-Mittel spritzen (z. B. Bio-Insektenfrei, Spruzit)

Die wichtigsten Schädlinge und Krankheiten im Obstbau

Vorkommen/Schadbild	Krankheits-erreger	Vorbeugung	Nützlingsschonende Regulierung
Äpfel und Quitten Blätter und Triebe wirken wie bemehlt, rötlich verfärbte Flecken auf der Blattunterseite, eingerollte Blätter an Jungtrieben. Früchte im Herbst netzartig gezeichnet. Im Winter feines, weißes Pilzgeflecht an den Trieben	Apfelmehltau *(Podospaera leucotricha)*	Ausgewogene Düngung, mehltautolerante Sorten auswählen	Befallene Triebteile zurückschneiden. Kurz vor der Blüte bis zum Ende des Treibwachstums Netzschwefelmittel oder Pflanzenpflegemittel mit Schwefelzusatz spritzen (z. B. Ulmasud, Myosan). Bei schwülwarmem Wetter alle 14 Tage wiederholen, sonst alle 3 bis 4 Wochen.
Steinobst, besonders Sauerkirschen, selten Kernobst Gegen Ende der Blütezeit welkende Blätter, Triebspitzen sterben ab, reife Früchte faulen.	Triebspitzenwelke *(Monilia-*Spitzendürre)	Bei häufigem Regen während der Blütezeit Meerrettichtee in die Blüte spritzen. Meerrettich auf die Baumscheiben pflanzen.	Befallene Triebe möglichst frühzeitig bis ins gesunde Holz zurückschneiden. Zu Beginn und während der Blüte wöchentlich Pflanzenpflegemittel mit Schwefelzusatz spritzen (z. B. Oscorna Bio-S, NAB-Plus-Mischung).
Erdbeeren und Himbeeren grauer, flächiger Schimmelbelag auf Blättern und Früchten	Grauschimmel *(Botrytis)*	Ausgewogene Düngung, lockere Bodenbedeckung (Mulch), Gesteinsmehl oder Algenkalk stäuben, Knoblauch zwischen die Reihen pflanzen, Beete im Herbst mit Schachtelhalmbrühe überbrausen.	Ab Blühbeginn Pilzschutzmittel spritzen (z. B. Neudo-Vital ObstPilzschutz, Oscorna Pilzvorbeuge).
Himbeeren Rotbraune bis violette Flecken an den Ruten, vor allem um die Knospen, helle Verfärbungen am unteren Teil der Ruten, eingetrocknete Triebe/Himbeeren	Rutenkrankheit (Pilzinfektion, meist durch mehrere Erreger)	Mulchen, maßvolle Düngung, lichter Bestand, nach der Ernte alle Ruten bodennah abschneiden, Herbst- und Frühjahrsspritzung mit Tonerdemehl (5%) und Wasserglas (2%) oder Fertigprodukt (Preicobakt)	Erkankte Ruten sofort ausschneiden und verbrennen oder in der Mülltonne entsorgen. Bei hartnäckigem Auftreten Standortwechsel!
Kern- und Steinobst, hauptsächlich Quitten, Äpfel und Birnen Welken und Absterben von Blüten und Blättern, Schwärzung der Haupt- und Nebenadern der Blätter, gekrümmte Triebspitzen, Triebe wirken wie verbrannt, bei feuchtwarmem Wetter weiße, später braune Schleimtröpfchen (=Bakterienschleim) an den Befallsstellen	Feuerbrand *(Erwinia amylovora)* gefährliche, hoch ansteckende Krankheit im Obstbau	Kaum möglich, widerstandsfähige Arten und Sorten pflanzen. Überträger sind auch Zierpflanzen wie Feuerdorn, Zierquitte und Zwergmispel! Pflanzenstärkungsmittel spritzen (z. B. Oscorna-Schachtelhalmextrakt), vor allem nach Hagelschäden. **Feuerbrand ist meldepflichtig** (Pflanzenschutzamt oder zuständige Obstbauberatungsstelle/Behörde verständigen).	Befallene Pflanzenteile sofort bis 30 cm in das gesunde Holz zurückschneiden und verbrennen oder vernichten. Schere und andere Arbeitsgeräte sofort desinfizieren (70%iger Alkohol). Im Folgejahr mit Kupfermitteln (z. B. Kupferkalk-Atempo Neudorff) spritzen, sobald 5 bis 10 % der Blüten entfaltet sind. Stärker befallene Gehölze roden und verbrennen oder über den Hausmüll entsorgen.
Äpfel und Birnen Olivgrüne bis grau-schwarze Flecken an Blättern und Früchten. Bei starkem Befall auch vorzeitiger Blattfall und dürre Triebspitzen. Früh befallene Früchte sind deformiert (Höckerbildung).	Apfel- oder Birnenschorf *(Venturia inaequalis)*. Infektionsgefahr vor allem zwischen April und Juni!	Widerstandsfähige Sorten wählen, mäßig düngen. Baumscheibe mit Kompost mulchen. Schnittlauch pflanzen oder Gründüngung einsäen. Kronen licht halten. Ab Mai in feuchten Witterungsperioden mehrmals Schachtelhalmauszug oder Pilzvorbeugungspräparate spritzen (z. B. Neuo-Vital, Oscorna Pilzvorbeuge).	Zwischen Austrieb und Blüte zweimal Kupferkalk spritzen (z. B. Kupferkalk-Atempo Neudorff). Nach der Blüte besonders bei feuchter Witterung im Abstand von 7 bis 14 Tagen Netzschwefelmittel spritzen (z. B. Netz-Schwefelit-WG Neudorff).

Rezepte/Erläuterungen

Brennnesselbrühe:1 kg frische Brennnesseln (200 g getrocknet) mit 10 l Wasser 12 Stunden ziehen lassen. Unverdünnt spritzen

Brennnesseljauche: 1 kg frische Brennnesseln (200 g getrocknet) mit 10 l Wasser 1 bis 2 Wochen verjauchen (bis die Brühe nicht mehr schäumt). Eventuell Baldrianextrakt und Steinmehl zur Geruchsbindung zugeben. Wichtig: Vor der Anwendung mit 10 l Wasser verdünnen!

Meerrettichtee: 300 g frische Meerrettichblätter und/oder -wurzeln mit 10 l Wasser 24 Stunden ziehen lassen. Unverdünnt spritzen.

Schachtelhalmbrühe: 350 g frisches Ackerschachtelhalmkraut (50 g getrocknet mit 3 l Wasser 24 Stunden einweichen, dann 20 Minuten lang aufkochen, mit 5 Liter Wasser verdünnen. Oder Oscorna-Schachtelhalmpulver nach Packungsanweisung zubereiten.

Wermuttee: 300 g frisches Wermutkraut (30 g getrocknet) mit 10 l Wasser und 1% Wasserglas (Apotheke, Versand für Bio-Pflanzenpflegemittel) ansetzen, 24 Stunden ziehen lassen.

Fanggürtel aus Wellkarton: Einen 10 bis 15 cm breiten Wellkartonstreifen beidseitig mit Teerpappe bekleben. Die Außenseite eventuell mit Raupenleim bestreichen.

Bezugsquellen und Adressen

Adressen

Beratungsstellen für Obst- und Gartenbau

FiBL – Forschungsinstitut für Biologischen Landbau

FiBL Deutschland
FiBL Deutschland e.V.
Galvanistr. 28
60486 Frankfurt am Main
Tel. 069/71 37 69 90
Fax 069/71 37 69 99

FiBL Schweiz
Ackerstrasse/Postfach
CH-5070 Frick
Tel. ++41/62 86 57-272
Fax ++41/62/8657-273

Gartenbauberatung Hessen
Apfel-, Birnen- und Quittensorten-Datenbank; Obstbauforum, Hessisches Dienstleistungszentrum für Landwirtschaft, Gartenbau und Naturschutz
Kölnische Straße 48–50
34117 Kassel
Tel. 05 61/72 99-0
Fax 05 61/72 99-2 20
www.gartenbauberatung.de

Fachhochschule Weihenstephan
Am Hofgarten 4
85354 Freising
Tel. 081 61/71 33 39
Fax 081 61/71 42 07
www.fh-weihenstephan.de

Baumschulen

Adressen von Obstbaumschulen und Informationen zum Obstanbau erhalten Sie beim Bund deutscher Baumschulen (BdB).
Adressen von biologisch wirtschaftenden Baumschulen vermitteln auch die Geschäftsstellen der Verbände des Ökologischen Landbaus.

Deutschland
Bund deutscher Baumschulen (BdB) e.V
BdB-Geschäftsstelle, Adresse:
Bismarckstraße 49
25421 Pinneberg
Tel. 0 41 01/20 59–0
Fax 0 41 01/20 59 31
www.bund-deutscher-baumschulen.de

Österreich
Bundesfachsektion Baumschulen
Haidestraße 22
A–1110 Wien
Tel. 01/769/26 60
Fax 01/768/89 90
www.baumschulinfo.at

Schweiz
Verband Schweizerischer Baumschulen VSB
Zürcherstraße 17
Postfach 54
CH-5210 Windisch
Tel. 05 64 41/57 33
Fax 05 64 41/88 47
www.vsb.ch

Baum- und Beerenobst

Häberli Obst- und Beerenzentrum AG in Deutschland
97957 Wittinghausen-Vilchband
Tel.: 077 31/6 92 86
Fax: 077 31/6 87 39

in der Schweiz
Stocken
CH-9315 Neukirch-Egnach
Tel. ++41-(0)71/474 70 70
Fax ++41-(0)71/474 70 80
www.haeberli-beeren.ch

Wilhelm Diercking Beerenobst
Kötnerende 11
D-29690 Gilten-Nienhagen
Tel. 050 71/29 32,
Fax 050 71/27 94
www.diercking.de
(u. a. Heidelbeeren)

Bezugsquellen

Biologische Pflanzenpflegemittel und Naturschutzprodukte

W. Neudorff GmbH KG
An der Mühle 3
31860 Emmerthal
Beratungstelefon 01 80/5 63 83 67
(1 Min. = 0,12 €, für Anrufer aus deutschem Festnetz)
Fax 05155/6010
www.neudorff.de

OSCORNA-DÜNGER GmbH & Co
Postfach 4267
89032 Ulm
Tel. 0731/94664 0
Fax 0731/481291
www.oscorna.de
(Oscorna Naturdünger und ökologische Produkte)

Nisthilfen für Nützlinge

Schwegler Vogel- & Naturschutzprodukte
Heinkelstraße 35
73614 Schorndorf
Telefon-Hotline 07181/9 77 45 0
Bestell- & InfoFax 07181/9 77 45 49
www.schwegler-natur.de

Stichwortverzeichnis

Seitenzahlen mit * verweisen auf Abbildungen

Bildnachweis:

Baumjohann: 11o, 30, 71r, 78ol, 78or, 85
Beuschlein: 38u
Bundessortenamt: 39m
Eberle: 16ol, 16or, 16u, 23u, 34l, 37r, 38o, 39r, 41u, 49r, 56o, 57ol, 65l, 73or
Forschungsanstalt Geisenheim: 9
GBA/Didillon: 2/3
GBA/GPL: 64, 86
GBA/Noun: 40, 31o, 47, 49l, 50u
Häberli: 49m
Hagen: 1
L'Eveque: 20u
Muster/LVWO Würzburg: 57or
Redeleit: 17, 20o, 54, 63o, 66u, 70o, 70u, 80, 84, 89u
Reinhard: 4u, 5, 6, 7, 8, 10, 12, 13, 22, 29, 34r, 36r, 37l, 40o, 40u, 41o, 42, 44ur, 46, 51, 52, 53o, 55, 56u, 58, 59, 60u, 61l, 62o, 67, 68m, 68u, 71l, 72, 73ol, 74, 75, 82
Rupp: 15o, 21, 44ul, 62u, 62u/Einkl., 66o, 69u, 76, 78u, 84l, 84r, 87o
Stangl: 11u, 26o, 27, 60o
Stein: 28, 50o, 53u, 63u, 65r
Strauß: 14, 15u, 23o, 26u, 35, 36l, 39l, 43, 44o, 45, 48r, 57u, 61r, 68o, 69o
Sulzberger: 31u, 48l, 73u, 81

Bibliographische Information
Der Deutschen Bibliothek

Die Deutsche Bibliothek verzeichnet diese Publikation in der Deutschen Nationalbibliografie; detaillierte bibliografische Daten sind im Internet über http://dnb.ddb.de abrufbar.

Grafiken: Heidi Janiček

BLV Verlagsgesellschaft mbH
München Wien Zürich
80797 München

Umschlaggestaltung:
Studio Schübel, München

Umschlagfotos:
Borstell (Vorderseite oben)
Strauß (Vorderseite unten)
Reinhard (Rückseite)

Layoutkonzept Innenteil:
Studio Schübel, München

Lektorat: Dr. Thomas Hagen
Herstellung: Hermann Maxant

Layout: Anton Walter, Gundelfingen
Satz:
DTP-Design Walter, Gundelfingen

Gedruckt auf chlorfrei gebleichtem Papier

Printed and bound in Germany ·
ISBN 3-405-16428-1

Köstliches aus eigener Ernte

Martin Stangl
Obst aus dem eigenen Garten
Basiswissen für Hobbygärtner zum Obstanbau im eigenen Garten und zu allen wichtigen Obstarten – von Sortenauswahl, Pflanzung und Düngung bis zu Pflanzenschutz, Ernte und Lagerung.

blv garten plus
Peter Klock
Veredeln
Vielfalt durch Veredelung – die dauerhafte Verbindung von zwei verschiedenen Pflanzenarten oder -sorten: die wichtigsten Unterlagen und Veredelungsarten, Veredelungspraxis für Obst- und Ziergehölze sowie für Kübelpflanzen.

blv garten plus
Werner Fader
Wein im Garten
Wein im eigenen Garten kultivieren – als attraktive Kletterpflanze, aber auch zur Trauben-, Saft- und Weingewinnung: Standortwahl, Porträts der für den Hausgarten geeigneten Rebsorten, Pflege, Schnitt und Erziehungsformen, Pflanzenschutz.

Garten-Rezepte
Siegfried Stein
Küchengärten
Küchengärten zum Nachgestalten: Trockenmauer mit Kräutern, Hochbeet, Nutzgarten am Reihenhaus, Kräuterspirale, Naschgarten auf Balkon und Terrasse, romantischer Gemüsegarten und vieles mehr; Praxis: Planung, Beetanlage, Aussaat, Pflanzen, Pflegen.

Kompaktwissen
Helmut Loose
Obstbaumschnitt-Praxis
Das Praxiswissen zum Obstbaumschnitt in kompakter Form: Grundlagen, Werkzeuge, Schnitt-Regeln; Entwicklungsstadien des Obstbaums und angemessene Schnittmaßnahmen; ältere Bäume verjüngen, Veredeln, Schnitt bei Beerenobst.

Egon M. Binder
Fruchtwein, Most und Säfte selbst gemacht
Erprobte Rezepte und Anleitungen für Obst- und Fruchtweine, Liköre und Sekt, alkoholfreie Fruchtsäfte, Gemüsesäfte, Kräuteressenzen und Essig.